浙江同鄉會照相

浙江潮發刊詞

歲十月浙江人之留學于東京者百有一人組織一仝鄉會既成眷念故國其心惻以動乃謀集衆出一雜誌題曰浙江潮且述其體例而爲之辭曰

我浙江有物焉其勢力大其氣魄大其聲譽大且帶有一段極悲憤極奇異之歷史令人歌令人泣令人紀念至今日則上而士夫下而走卒莫不知之莫不見之莫不紀念之其物奈何其歷史奈何曰昔子胥立言人不用而猶冀人之聞其聲而一悟也乃以其愛國之淚組織而爲浙江潮至今稱天下奇觀者浙江潮也

秋夜月午有聲激楚若怨若怒以觸于吾耳者此何爲者也其醒我夢也歟臨高以望其氣象雄其聲勢大有若萬馬奔騰以觸于我目者此何爲者也其壯我氣也歟夫子胥之事文明之士所勿道雖然其歷史可念也

嗚呼亡國其痛矣不知其亡勿痛也知之而任其亡勿痛也不忍任其亡而言之而勿聽而以身殉之而卒勿聽而國卒以亡嗚呼忍將冷眼覩亡國于生前剩有雄魂發大聲于海上古事往矣可勿言矣而獨留此一紀念物挾其無窮之恨以爲吾後人鑒吾後人可勿念哉

抑吾聞之地理與人物有直接之關係在焉近于山者其人質而强近于水者其人文以弱地理之移人蓋如是其甚也可愛哉浙江潮可愛哉浙江潮挾其萬馬奔騰排山倒海之氣力以日日激刺于吾國民之腦以發其雄心以養其氣魄二十世紀之大風潮中或亦有起陸龍蛇挾其氣魄以奔入于世界者乎西望忽龍碧天

萬里故鄉風景歷歷心頭我願我青年之勢力如浙江潮我青年之氣魄如浙江潮我青年之聲譽如浙江潮吾願吾雜誌亦如之因以名似爲鑒且以爲人鑒且以自警且以祝

茲將其章程之槪列如左

第一章　宗旨

一近頃各報其善者類能輸入文明爲我國放一層光彩雖然國立于世界上必有其特別之故以爲建國之原質有萬不能雜引他國以爲比例者本誌負雜誌之資格其搜羅不得不廣然必處處着眼于此焉

一本誌立言務着眼國民全体之利益于一人一事之是非不暇詳述

一欲爭自由先言自治然必于其本士之人情歷史地理風俗詳悉無遺而後下手之際乃游刃而有餘先以浙江一隅爲言此非有所畛域限于所知也

第二章　門類

一社說　發揮本社之宗旨

二論說　新理新說雜出不窮錄之以補前所未逮

三學術　留學生何事學也紹介新學術于我國過渡時代所必負之責任也都其類凡八

(甲)政法

(乙)實業及經濟

（丙）哲理

（丁）教育……………女學及兒童教育兩種用白話演之

（戊）軍事

（己）歷史地理……傳記附焉

（庚）科學

（辛）文學

四大勢　處今日而不知世界大勢之所趨則深山窮谷其苗猺矣都其類凡四

（甲）世界一般大勢

（乙）各國內情

（丙）國際政局……專論各國之交涉其關繫于中國在下

（丁）極東經營

五談叢　短篇小文蓋有絕精之論焉

六記事　越在異國于本國情事未能詳悉然舉其有關繫者言之或附以說

（甲）中國近事

（乙）各國近事

七雜錄

(甲)東報時論……中國各報之佳者亦附焉

(乙)來稿雜文

(丙)故老遺聞

(丁)來函及問答

(戊)解頤雜錄

(己)紹介新著

(庚)留學界記事

八小說　小說者國民之影而亦其母也務取其有關繫者或譯或著其類凡三

(甲)章回體

(乙)傳奇體

(丙)雜記體

九文苑　錄詩古文辭不拘體例可以驗社會全體之狀態可以動國民之感情

十日本聞見錄　內地之士不能東遊有欲知東方新國之規模氣象乎玆以紹介焉其門類隨時訂定

十一新浙江與舊浙江

(甲)歷史上之浙江　(乙)兵事上之浙江　(丙)敎育上之浙江
(丁)物產經濟上之浙江　(戊)浙江之地理　(己)社會一般之風俗
(庚)交通機關　(辛)浙江之統治機關　(壬)農工商業上之浙江
(癸)外人于浙江之勢力及其注意　(子)浙江人之海外事業

十二圖畫　卷首必附以圖畫令讀者醉心焉

第三章　體例

一本誌每冊以八萬字爲率所載各類及子目每期未能全登然一冊中至少必在十六門以上

一本誌月出一冊用洋式裝訂每冊定價大洋三角二分定閱全年十二冊三元二角半年六冊一元八角外埠酌加郵費概不零售

一本誌准於癸卯正月二十日發行嗣後每逢月望日發行著爲例

一本誌以杭州萬安橋白話報館上海中外日報館爲總代派所

一有願爲本誌代派者請函告本社自當按期寄送(函寄日本東京神田區駿河臺鈴木町十八番支那留學生會館轉交浙江同鄉會雜誌部收)

一欲購本誌須先繳費後寄報代派所於本誌既出第二期後應將定報費一律收齊彙寄本社否則概停寄仍追取前費

第四章　特色

一本誌全體皆由同人撰述編纂雖不專工於文辭然務適於我國民之用說理必明暢記事必簡賅非如直譯剪抄者令讀者昏昏欲睡也

一本誌有調查部之稿件按期刊登讀本誌可以於浙江全省之事上自朝政下逮民俗無不瞭如指掌

一本誌有日本聞見錄一門彙集旅居同人之見聞聞事無鉅細並蓄兼收令讀者不必遊歷其地而得遊歷之益

一東報偉論日出不窮同人皆編選擇尤登錄內地志士不能東遊及不能讀東報者得讀是冊於東方大概形勢即可洞若觀火

一本誌中各科學學說半爲各學校著名敎師之講義間附己意亦必經歷實驗字字皆有根據非如道聽塗說者可比學者得此不啻有無數之名師良友環坐討論可以自修可以自進

一本誌有白話一種純以官音演說女學及兒童敎育偉略識之無之婦孺皆能通曉並可學習官音

一本誌每期至少有插畫三四頁凡吾浙之名人勝景皆竭力搜求陸續印登自餘各圖非徒供閱者悅目怡魂要皆切實有用可以增長智識激發志氣

社說

國魂篇

第一節　緒論

五官具四肢備圓其顱方其趾則謂之爲人矣乎而或者曰是非人也傀儡也何以故曰無魂故是以戮之斬之勿知痛有土地有人民有政府有法令則謂之爲國矣乎而識者曰是非國也傀儡也何以故曰无魂故是以戮之割之勿知醒

諸君乎諸君乎以爲是特玄理空談而无當于實際乎吾姑就一二言之今日深識之士知中國之患不在一人而在全體也于是汲汲言教育固也未有民德卑民力弱民智塞而國能自存者也雖然夫同是言德育智育體育而何以德有德之教育而不同于美日有日之教育而不同于法嘻我知之矣蓋必有一物焉扶其无上之力以盤踞于國民腦質中教育家乃能燗眼而灼見之因其特性而發揮之故其結

果也。德之國民。不能强之使同于法。英之國民。不能强之使同于日。夫至于國民不能相强。則吾知任天下至大至强之一國而終无術以亡之也。而教育之能事畢矣。然則其所以爲此教育之宗旨者果何物也。吾更就軍事言之。夫軍人者。輕生死。絕利欲。棄人之所樂而就人之所危者也。自非有一種奇物以鼓之舞之啓其固結不可解之一種精誠欲言不能言之一種迷信而欲其舍樂就苦以出于此其能乎其不能乎玆固非若中國昔日之所謂鼓之舞之者矣夫紅頂也花翎也則亦求之有道得之有命矣而又何必舍生死以求之此則好人不當兵之說之所由來也然則其所以爲此軍人之精神者又何物也。嗚呼吾思之吾重思之今日而勿言救國則已。苟言之則未有不從根本處着想而能有濟者也。上所言者特以淺焉者耳。吾今欲明我國魂之說。則先就其于國家上最大之關係言之。有二義。其一曰統一力。其一曰愛國心

所謂關係于統一者何也。曰統一者國之所恃以爲國者也。夫集多數人民以成一國。此多數者人各其心。心各其思想。其不能同也必矣。而其能鍵之結之而成一國

則必有一物焉以牢籠亭毒之矣雖然疇昔之國恃一人之勢力以統一今日之國則恃多數人民共同之意志以統一國家之種類有優劣而一興一亡其機遂決故今日而言救國則不得不進國種而改良之然吾默鑒天下之大勢以觀各國內情則歐洲已由分裂而日趨統一而我中國則將由統一而漸趨于分裂蓋世界則民族之競爭日益烈而中國則方入新舊之交危乎危乎吾嘗謂一大國而亡則必在過渡時代何則新者未去舊者未來一髮之繫實國家死生存亡之大關鍵也一髮者何即吾國魂之說也嗚呼十年以後吾不患中國文明之不長進而特恐人之恃之以成國者而中國乃恃之以亡國也抑自近頃以來新學之士常以合羣公德之義提倡奔走而卒無效且有內潰者何哉蓋所謂講新學者其各人之歷史不同家庭不同其所處之地之習慣風俗又不同且既吐棄其舊矣而所謂新者又人各一說家各一理其所受之于外者則一視其歷史家庭習慣風俗以爲衡而驟曰羣之羣之其能乎其不能乎故就不能合羣之種種方面觀之則無公德也無法律也忌克也皆是也而就其歸結之總綱言之則無統一之原質已耳然則果其無歟中國

果遂不可救歟。嘻其不然哉其不然哉是皆藏之于人人腦中而特未之思耳雖然使非博觀今古以求其通而明目張膽。提出一目的以爲衆目之趨。則是擾擾紛紛者徒可憐耳而其物之藏于腦者終不發現而吾中國終不可救也此則我國魂篇之所由作也。

所謂關係于愛國心者何也。曰吾聞歐人之言有所謂國民、宗教、者焉。其意若謂國民愛國之誠。有如迷信宗教者也。雖然。吾尋其所自發而解剖之有智識的愛國心有習慣的愛國心有感情的愛國心三者缺一則其物不能成即成矣而不眞智識的自學理經驗而得者也習慣的自風俗制度而得者也感情的則自種種方面上若歷史若地理若外界之情事與內界之衝突及夫熱情之所鼓動言語之所刺激而生者也雖然智識也習慣也感情也其厚薄深淺則一視其國家與人民之關係奚若以爲衡吾就其關係之總綱言之則國魂之說也嗚呼吾中國人以無愛國心聞天下。夫未有國民不自愛其國而國乃能存者也夫未有國民腦質中無一點國魂在而愛國心能發達者也嗚呼偉哉莊嚴哉吾若聞愛國者之言其言曰吾不自知其何從吾不自知其何從惟吾祖國能使我歌能使我悲能使我泣吾不知彼何以具此一種魔力能移若我是之甚也吾遊矣吾思吾國吾足不知其何爲而自止吾望矣吾思吾國吾目不知其何爲而無所見嗚呼其夢耶其譫耶其顚耶其迷信耶使非其腦質中有一點國魂在以煽之鼓動之而何以至此而何以至此然則言救國者其知所從事矣夫知其病而藥之惟知其身之可愛乃始懾于病而汲汲求治今日之中國使自知其病猶易使自知其身之可愛則更難且夫世界萬物之有改革進步也必稍受苦痛而始有濟而況一國故自非有固結不可解之深情則彼又何能忍目前之苦痛而願享將來無窮之福哉言救國者其亦知所從事矣

由是二義而吾國魂之說可以知矣若曰有一物焉可以統一吾民之羣力發達吾民之愛國心者吾即認之爲國魂何以故則以所謂國魂者必當具此能力故

雖然吾尙欲進一言焉則風俗是也國魂之于風俗猶靈魂之于腦筋也其間有密切之關繫在故腦有病者則其魂若失而風俗腐敗則國魂亦如之夫人心風俗與

政治宗教之關係自今識微之士則亦有能言之者矣雖然風俗者有原之自天然者有原之自人爲者野蠻之世則純乎其天然也人治稍進則有因天然而利用之以漸入于人爲者今之世界人治雖未達極軌而較國家强弱之差數則觀其風俗之爲天然爲人爲其間可以立比例矣是故土地也人民也政治也則國之形骸也風俗者其腦也國魂者則藏之于風俗之中者也不知俗變政而不變俗政不行不知魂知其變不知其何以變變不行而言國魂者若并風俗而忘之則又知其變而不知變之方法者也其于理論爲無當

第二節　國魂之定義

一民族而能立國于世界則必有一物焉本之于特性養之以歷史鼓之舞之以英雄播之于種種社會上扶其無上之魔力內之足以統一羣力外之足以吸入文明與異族抗其力之膨脹也乃能轉旋世界而鼓鑄之而不然者則其族必亡茲物也吾無以名之名之曰國魂

國魂之發生也復有二種有自民族優性而自然發生者有自千百志士流淚流血

以鼓鑄而成者雖然則亦相須也矣雖民族有優性亦必有一二人出以代表其餘不然勿顯也而一代志士苟欲以无量熱血鑄造國魂者則亦必洞察本族之特性因其勢而利導之不然勿濟也同胞乎同胞乎爾知彼歐美之民族扶其區區之地而能磅礴世界者果何由乎日人有松村介石者常作歐族四大靈魂論而謂其國之致興之由蓋在于是吾今略譯其意而參酌其言以爲我國民告焉

其一曰冒險魂　冒險殆彼族所有之特性也雖以中世之暗黑時代而此精神終不磨滅凌重濤冒萬死以縱横于海上者踵相接嗚呼此特其于商界一斑耳更進之則彼于種種事業視無不挾其破釜沉舟一瞑不視之氣概以臨之仆者仆繼者繼乃至抛無量數之頭顱血肉而不悔以目前之苦痛購未來之希望以一身之苦痛易衆生之幸福而卒以開闢今日之世界嘻我儕雖欲不拜倒而不可得矣後之生者食其賜沐其福想望其丰斗崇拜而歌舞之而不知當時之失敗又失敗挫折又挫折其困苦有衆人莫喻之情形其精神有隻手擎天之氣概嗚呼于宗教界于學術界于商業界于政治界立于今日而一推其致此之由何一非冒險之精神予

其賜也吾是以知彼族之所由興誠非無因哉。

其二曰宗教魂　姑勿論彼教之宗教何如而要之其影響之及于國民品性者有數端挾其迷信之力人人心中無不有第二之世界在故其于一身之苦樂不屑屑注意其結果也能大解脫能大勇猛能犧牲一身以爲衆生能忍苦耐勞以排百難嗚呼自古英雄烈士能造驚天地泣鬼神之事業者蓋無不由三分迷信力而來者也此其關係于精神者也上帝臨汝毋貳爾心中國之所特以律上哲者也而彼雖下愚之士能攝之以迷信力則其精神亦有所統攝而不至于放逸有所畏懼而不至于無事不爲此關繫于道德者也若夫冒萬險以行其說雖窮谷深山亦必一往而經十年數十年而不歸而歷一死再死而不悔其氣魂之强毅何如也雖異國異種異地而一言同信則無不信之親之視若一體其統一之精神又何如也夫科學進而宗教衰然今日宗教一事尙挾一統攝人心之大力者蓋匪僅以世界之文明未及極點而其教之有功于彼族誠有不可誣者在也

其三曰武士魂　武士魂者導源于希獵而盛行于今日德意志其宗子也蓋軍人

者非戰爭爲用之以言其統一紀律之精神則立國之本也以言其强毅堅壯之氣魄則資生之原也以言競爭共同之敵愾則愛國心之所由發達也故曰處帝國主義之世界其國家必以軍人之精神組織之進則齊進退則齊退蓋非是不足以立于大地也夫美世之所謂最好平和之國民也然一有戰爭則義勇兵雲集而風動雖以十五六年之童子亦無不樂趨而爭先嗚呼其挾天下莫强之勢蓋有由哉即近東之日本亦舉其所謂大和魂者而沾沾自喜大和魂者何日人之所謂武士道是也故日人以尙武立國者也以有此魂故而克奏維新之功而雄視三島

其四曰平民魂　美之獨立法之革命英之改革十九世紀演種種活劇皆是魂之產出物也雖然蓋有由也自近古以來歐洲大行干涉政策人民與政府之關係日益接近故一令之下一事之行無不聳目疾視視爲切己之物而彼族之政治能力又甚强故國家學說日益昌明而干涉政策適流于極弊于是汲汲起而爭政治上之自由政治上之自由者何則人民參政權問題是也因此而民族建國問題生焉而階級破壞問題生焉而貧富問題亦生焉雖然其種種之事實理論吾姑勿論一

言以蔽之則曰社會無自由不能存自由無道德不能存道德無職分不能存此理甚精密條明而析之尚俟異日是平民社會之骨髓也謂之曰平民魂

作者述既竟乃喟然曰嗚呼英雄負民族耶民族負英雄耶夫英雄亦何負于民族吾毋豔羨人吾且自思夫我祖國固于世界上有最久之歷史者也彼之所謂特性吾豈其無之而胡爲至于此至于此夫英雄亦何負于民族吾中國無宗教習慣則除第二義外其第一第三第四義則吾固有之矣今試思張騫之通西域玄奘之入印度其與哥侖布麥基侖其精神又何以異也其功業又何以異也而修我干戈與子同仇陳于古者且勿道而寸心未盡前路斜陽劇飲而醉相與大哭其精神吾尙于夢魂中仿佛見之而以民爲天之代表以君爲天所統屬邱民之意亦猶有三致意者嗚呼夫英雄亦何負于民族其任彼立一義制一行則崇拜之鼓舞之發揮而光大之其在此則摧陷焉廓清焉以彼成功者猶若此則其失敗挫折往而不復徒鬱鬱長埋于蔓草荒林中者又何可勝道嗚呼事之有幸有不幸殆亦遇耶吾于是重爲我祖國歌吾于是重爲我祖國泣失使中國而竟至于此者固誰之咎歟固誰

之咎歟

雖然上數者謂爲彼族之特性則可若夫建國之原質則近頃以來猶有新發明之一物在拿破侖與之戰而死梅特涅與之戰而死舉世界之君主日日勞心盡力以拒之而卒不勝其物奈何民族建國問題是也民族建國問題者何曰凡同種之人務獨立自治聯合統一以組織一完全之國家是也其在德意志其在伊大利則所謂祖國主義是也若曰日耳曼吾祖國也吾誓守之羅馬吾祖國也吾誓守之其在俄羅斯則所謂斯拉扶司統一主義其在美所謂美人之美洲其在日所謂大和民族萬世一系凡玆諸說其始不過一二人言之一二人信之而其究竟也乃爲其愛國心之源泉自尊之種子統一之原動力雖刀双迫于身彈丸迫于目而彼腦質中終有一「誓死以守祖國」之靈魂在嗚呼彼蓋以爲是國也者我祖長于是我父長于是非人之所有而我之所有也雖欲不愛又何可得也彼又以爲我之國于以前之歷史上有無限之光榮于以後之歷史上有無窮之希望者也雖欲不自尊又何可得也彼又以爲凡我同國之人皆我祖所自出皆吾同胞之兄弟也雖欲不相結

不相統一又何可得也嗚呼十九世紀中擲其無量之頭顱血肉有萬死不顧屢爭不已者矣嗚呼吾知其由吾知其由

第三節　論鑄國魂之法

吾今言陶鑄國魂之法所當豫備者有三事其一曰察世界之大勢其二曰察世界今日之關係于中國者奚若其三曰察中國今日內部之大勢夫一國國政之進運也恒不外二大主義之衝突調和而後成所謂兩大主義者何曰世界主義與國粹而已矣爲世界主義之言曰事無善否惟求其適一國而欲自存則必詳察世界大勢之所趨而變易其舊俗吾中國自古孤立于大地在昔之所述固未嘗不可以偷一息之安及一旦比較而競爭起而猶固守其舊以自足則無惑乎其日蹙于天壤間也故今日而欲建國本而不洞察世界大勢之變遷所謂坐井觀天而不自知其愚者也此一說也爲國粹主義之說曰中國者有歷史的人種也凡一民族立于世界其遺傳之歷史甚久者則必有固有之特性種之于數千年以前根深蒂固決非可以一旦拔除之者也其進也有次序有階級是故貴因勢而利導之若一躍而飛

則未有不蹶而仆者也夫等是言共和政體也而何以法民之自治乃不同于美等是言自由也而何以法民乃激烈而得之英人乃平和而得之不識病症而誤投藥未有不亡者也愼哉愼哉普天下愛國諸男子欲發一言立一策苟不深察中國內容之大勢則吾知其說之必不能行也其甚者則且至于釀大禍此又一說也由前之說則吾前二義之所由立也由後之說則吾後一義之所由立也

然則請言世界今日之大勢今日之世界則孰不知曰帝國主義哉帝國主義哉雖然亦知其發達之由乎帝國主義者民族主義爲其父而經濟膨脹之風潮則其母也十九世紀之中葉全歐之人既勞心盡力日日以建造民族的國家爲事及夫國家已成憲法已立則昔日之願望遂優哉游哉以生息于好天地之下于是休養生息而生齒益以增讀近時之人口增加表可以見也夫地不加闢而人口日繁于是不得不出而殖民于新地此亦天然强迫力之大使之出于不得不然者也此關于人種者也夫精神以愈用而愈强而慾望者無窮者也昔日之勞心盡力以求之者今則既得之矣以彼活潑好動之民族又安能坐享此閒日月乎于是復生二大動

力其一則物質是也科學進而製造興交通機關日益完備而工商業界遂大受其影響因之于學術者也其一則資本家是也自昔愛自由之心勝于愛財產也今則少數之資本家已萬目齊注務必擴充其財產內之復有社會黨之騷動則目的之向外者更不得不益裂此原因于慾望者也并此數因而帝國主義之風潮起商工業其一也海運業其二也殖民事業其三也所謂政治則經營是所謂外交則疏通是所謂軍備則保護是嗚呼近頃以來無論天之涯地之角有一事之起則無不是帝國主義者爲之根其爲說豈不然哉豈不然哉

至其影響之關係于中國者何如曰中國者帝國主義之目的物也雖然其禍皆吾民受之皆吾民受之英人之獨占印度也全歐之人羡之慕之妬之莫知所極百無聊賴乃取非洲而分之未幾而大漠中一粒沙皆有主人焉而經濟之風潮乃日進而未有已彼其汲汲皇皇者蓋有日矣而亞洲之東忽又現一黃金世界其土廣其產富其氣候適天下之可愛者未有如中國者也于是甲午一役而政治上之野心起庚子一役而經濟上之野心起國民乎國民乎須知自今以往外人之侵我中國

者皆吾民受之皆吾民受之二十年之後政府可以如故官吏可以如故而吾民而吾民將有一絕大之禍患起其形狀奈何曰其商凄涼其農憔悴其土困其工苦聞其聲則號寒啼飢也問其事則鬻兒蕩產也是其由非刀兵非水火則以經濟上之侵略起而資生將窮故故外人之商業日益甚則我民之生計日益困況乎衣食窮則盜賊伏莽日增一日而水火刀兵之禍又何能免也此非吾嚇人之言也夫資本厚則收利廣以我小民之渙而不羣一年之所得曾不足以當彼一日之收吸夫閉關之世遇一二水旱尚足以釀成大禍而況彼又日日之吸我膏血者哉夫以言人則我中國人最富于商業上之知識者也以言地則我天產之富冠絕大地者也以斯人據斯土而成敗異數功業相反吁是亦天耶雖然何以故曰旡國故夫未有無國之民而能自存于大地者也

而翻然中國之內情則何如諺所謂『駝子上高墩兩頭不着實』其今日之謂乎過渡時代哉其誰不知之誰不言之雖然吾更欲進一說也過渡云者舊者已去新者未來之謂也而當此兩端未接之時則必有一種惡魔生焉挾其怪力以牢籠一切

社會玆何物曰、種種之惡習慣是已今日之中國所謂『習慣神聖時代』是也何以立國曰習慣嗚呼吾于是不得重爲中國恫也吾思吾中國立國於大地最早而又以保守主義聞天下者也則必有高尚崇大之特質迄于今猶尙存者嘻而孰知以吾所見乃有大相刺謬者在也他姑勿具論即以道德言之舉吾所聞于古者以律于今其然乎其不然乎吾中國之不知進取固也以吾觀之幷保守而不之知也他人之所謂守舊者守其國也守其國粹也猶有以不合于世界之大勢而亡者雖然猶可言也中國之所謂守舊者守其私利也守其向來之惡習慣也不可言也吁文明之冑耶禮樂之裔耶用以自悞則可耳究何當于人事矣夫使頑固者而猶能固守其舊也則吾喻之以勢曉之以時彼尙可以移其心以從事于彼若日本之攘夷論是也而一轉强其國而若之何幷此而無之也語以古則譏謂迂語以今則駭而走當此不迂不駭之間惟一種惡習慣之是崇拜故吾觀中國之惡習慣殆與吾之所謂國魂類彼亦養之于歷史彼亦根之于特性而彼更有無數惡魔盡力以爲天下倡是故習慣不去國魂不來吾思之吾思之彼歐洲文明進化之階級其經路奚若則所謂有古典興復時代者發其先彼日本改革之次序其經路奚若則有所謂王政復古時代者當其首夫由黑暗時代而進入文明而必經由此一階級者則何以故嘻吾之知矣黑暗時代者何則所謂習慣神聖時代是也復古云者蓋掃除其惡習慣而復古人創業之精神是也嗚呼世界之大勢愈進而愈烈彼終不能待吾之從容不迫歷階而進則自非有一二雷霆之舉足以震撼摧磨掃盪羣習則遙哉遙哉吾知必不能矣雖然吾姑就其根本次序方法言之而以國魂終焉。

君不見東家老翁防虎患
虎夜入室啣其頭
西家兒童不識虎
執竿驅虎如驅牛

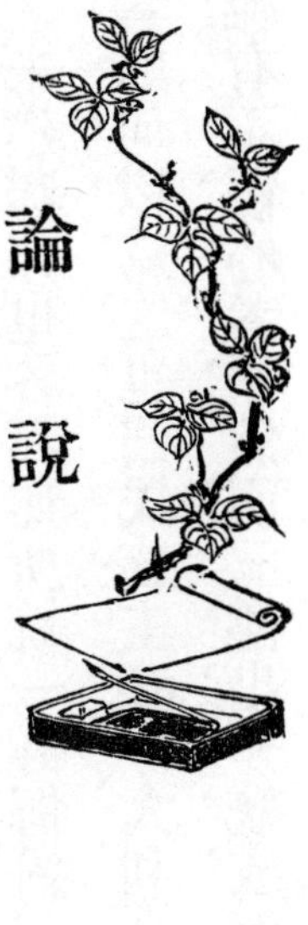

論說

余一

民族主義論

緒言

亘十九世紀二十世紀之交有大怪物焉一呼而全歐靡而及于美而及于澳而及于非猶以爲未足乃乘風破濤以入於亞

亞人未識之也乃爲無意識之亂動見其皮與毛以爲其全体也則曰皮曰毛見其手與足以爲其全体也則曰手曰足其稍稍上焉者則見其筋見其骨矣然不能舉其全体而解剖之其搆造其生長其發達皇乎瞠乎其未之聞也三十年來之造製派十年來之變法派五年來之由自民權派皆是矣夫言各有當其時吾誠不敢拾後者以傲前所可痛者則以吾數千年神明之冑業將迫之于山之巔水之涯行將盡其類而後已環宇雖大竟無容足之區病將死矣曾不知其病之

所在死之所由嗚呼今吾不再拭一掬淚以爲吾同胞告則吾恐終爲所噬而永永沉淪萬刼不復也乃言曰今日者民族主義發達之時代也而中國當其衝故今日而再不以民族主義提倡于吾中國則吾中國乃眞亡矣

蹴臘丁凌儉通泱泱乎大風哉斯拉夫種族其將來之雄主矣乎雖然彼其始也乃爲儉通人種所束縛抑抑不自勝而卒至今日者何以故誠哉天下事皆人爲也吾乃涓涓以思在昔百年以前則有約翰哥拉其人者乃實以民族主義提倡于其族所謂斯拉夫統一主義者是矣其始也抱一荒唐無據之主義以自信以自解其繼也發於文章被於詩歌以浸潤於國民其終也及行之於政略用之於外交以之爲敎育而天下咸受其影響矣嗚呼夫孰知莫大之事業乃自區區一僧正基之誠哉天下事皆人爲而已英雄去人若此其未遠也

德意志之未建聯邦也各邦無所統一群侮紛來岌岌乎危哉然其一戰而霸名振天下者則何以爲之也曰民族主義伊大利之未建新國也過羅馬之故都則禾麥離離有不傷心者乎然而三傑出一統成至今偉然成一强國者則何以爲

之也曰民族主義當其義之未昌也一二志士提於前繼於後奔走於號呼於其國精神格之矣其未得之也則有粉身碎骨一瞑不顧瀝血以告天者然後知今日彼之安其安樂其樂夫豈自食其力自享其功而昔日之奔走呼號者其功爲不可及矣

緬彼先哲顧我邦人我祖我父胡寧忍予用述芻言敢告兄弟嗚呼風潮急矣勢力大矣及早回頭猶恐勿及一再遲疑則若紅若繆其前例也天之下地之上凡我黃帝以來繼繼續續二千餘年以至今日之血族若叔伯諸兄弟都來聽者

第一章　總論

第一節　民族主義之定義

合同種異異種以建一民族的國家是曰民族主義

解之曰吾聞之哲人矣國家之起原由於民族之競爭也吾故逆用其例以言曰凡立於競爭世界之民族而欲自存者則當以建民族的國家爲獨一無二義古者荒矣吾无論自有人類以來當其始也界以一山間以一水周旋經營于一小天地內

則无論優者劣者强者弱者皆足以自存僉一息焉然而水土平男女生種發而智進則觸接交通而競爭起競爭起而勝敗見勝敗見而死生存亡之機决于是數羣之內有其智力强者則能羣同族以造一組織體以禦他羣他羣絀其組織之善焉者則勝其拙者焉其尤善者則尤勝焉數千年興亡之跡視此矣其組織體之進化也則名之曰國凡立於一國之下而與國家關係休戚者則曰國民立於一國下而與國無關係休戚者則曰奴隸有國之民存無國之民亡有國民之國存無國民之國亡國也者必視其國民之數之多寡國民之力之强弱爲比例而凡可以爲國民之資格者則必其思想同風俗同語言文字同患難同其同也根之於歷史胎之於風俗因之於地理必有一種特別的固結不可解之精神盖必其族同也夫然後其國可以立可以固不然則否

條頓民族者實今日世界上最優之民族也自羅馬解紐以來彼即能自認其政治上之天職以建一最善之組織体彼能倡代議制度使人民皆得參預政權定團体與各個人之權限定中央政府與地方自治之權限彼遂能發揮其本族之特性合

人民之權以爲權合人民之志之力以爲志以爲力彼遂能力戰羣族而勝之使其本族日滋長發達而未有已茲其賜則何自而得之也曰民族主義曰民族國家惟民族的國家乃能發揮其本族之特性惟民族的國家乃能合其權以爲權合其志以爲志合其力以爲力蓋國與種相劑者也國家之目的則合人民全体之力之志願以謀全体之利益也而種競之公例則彼所得此所失彼之興此之禍也然則一國而容二族乎以言特性則各異其異孰從而發揮之以言合其意合其權則其意相背其害相消長又孰從而合之故曰一國之內而容二族則舍奴隸以外無以容其一否則滅之否則融之化之而已滅亡之烈者也融之化之亡於無形者也奴隸亡於久者也其亡一也彼其於國也則亦無關係也已矣有茲國也則我奴隸則我亡則我融無茲國也則亦亡亦融亦奴隸一而已矣何有於國若夫其一族之智而强者則恐其亡也無已離而去之以自建國其上者若日耳曼之於墺其次若伊大利其次若匈牙利若羅馬尼亞無論其大其小其强其弱而要之彼終不能合異族以建國蓋十九世紀中之戰爭之政略之外交紛擾變幻磅礴天地而要之皆民族

主義之風潮爲之也其爲說豈不然哉

雖然今日歐族列强立國之本在民族主義固也然彼能民族主義建己之國彼復能以民族主義亡人之國嗚呼若吾叔伯諸兄弟苟讀亡國之史睹黲黑之慘其亦有悁悁而悲者乎亦有悲焉而一爲深思者乎夫物競之例適者生存非必虔劉而侵殺之而彼自蹙于天壤間嗚呼彼不自存何尤于人然而彼之所以不能自存與夫人之所以亡之之術者盖亦可以深長思矣夫今日者民族膨脹之時代也內力不充自相離亂而適以處民族膨脹壓力最盛之時代是猶覆空杯於水而欲水之不入其中也其可得歟其可得歟而數千年以來繼繼承承之血族皆自此斬矣若吾伯叔諸兄弟將何以處此

今旣述民族之所以建國之原則請就民族的國家而解剖之蓋有二大原質也其一曰發揚固有之特性其一曰統一全体之羣力

以民族主義而亡人之國也其大要有二策其一則以戰鬬力直接而亡之直接以亡之者何凡優强民族移植于別地與其土著遇始則離其同族之心繼則握其全

体之權終則遂厄其資生之具此以戰鬬力勝之者也非必日執干戈以從事也而一戰而敗一敗不復存試舉其例其在外則若英是也彼殖民之於海外凡土著與之遇無一而不風靡者其數日以少其種日以下其占領土日逼以狹局局於山之巔水之涯世界之事業彼遂不能與聞矣其在內則漢族是也其初發也沿黃河域以南日逐發達遂使昔時在支那土地上占最大之勢力之苗族日逼於南至今日則無遺種矣其跡之猶可故見者則苗猺是也此一策也由此策而生統一羣力義

統一羣力者何曰凡一族而欲競自存者則未有其內力不一而能有濟者也人類夥矣試問其名各親其親子其子而何以有國生也而何以有國者存無國者亡也而何以國矣而歐洲非民族的國家乃絕跡于十九世紀也則豈不以一人之力不足以敵羣而一人之生必分業互濟而其生始遂者乎是故種不能統一則不能成國則其種亡國不能統一則不復成國則國亡而種隨之故曰民族主義者對外而有界對內而能羣者也民族膨脹之風潮起而歐美之政黨政治日即衰頹斯非其明徵哉

其以同化力間接而亡之者則奈何曰凡優强民族與劣弱相遇其文明之同化力乃能吸入而融化之如氷雪之鎔于水不瞬而無餘跡矣試舉其例其在外則美是也彼以三百萬人膨脹至八千萬固其沐自由之澤既富且安而生殖力日以强大使然而其吸異族而同化之者其數蓋亦不下于此彼至今日尚能同化日耳曼愛爾蘭之移民而吸收之其力之大固屬可驚而世界上之國旗遂曰即以少矣其在內則漢族之于蒙古諸族是也彼之自北地來也其民族强悍而耐苦然不及百年遂盡變其族者此又一策也今日人之于臺灣亦以此策也嗚呼我同胞苟有一念及此而不爲之臥薪泣血者乎由此策而有發揮特性義發揮特性者奈何曰厲其固有使足與世界競者也凡同化力之大小一視其文明之程度之高下以爲差高者融其下此終不可以强力强也夫國于世界而有歷史則自其「祖宗社會」之所遺固有不能不自國其國者矣不能不自國其國而其國民之文明力乃不能與人抗則天行之壓力乃迫之使不得不去其舊取其新雖然有別焉取之去之自己者則能吸入而融化之而活用之而其種存而其國亡則必其國民之善用其特性者也與之去之自人者則爲其奴隸而已矣而其種絕

而其國亡是必其不能善用其特性者焉故吾謂一民族之于世界文明猶個人之于學同一理同一書十人學之其所得必十百人學之其所得必百蓋外界之所必視其內力之厚薄以爲差而其後則內外復互相劑焉此則歷政文明進步之階級而可得之者也故曰特性者運用文明之活力也種之强弱視其文明文明之高下視其運用力而不然者則何以希臘羅馬爲文明之祖而今日之享其光明者乃獨在日耳曼林中之蠻族也

（未完）

公私篇

世蓋有以不能公覆其國者矣未聞有以不能私覆其國者也著者曰有之有之自中國始

何以言之今夫種族之戚屠僇之慘天下之至痛也而吾中國則甘之競爭之劇抵拒之烈天下之至危也而吾中國則安之奪吾主權隳吾國防蹂躪臠割吾祖宗墳墓之地子孫生息之鄉天下之至辱也而吾中國則置之聽之彼其心甯不知凡若

此者。誠至可痛至可危至可辱之事也。而卒甘之安之置之聽之者何也。亦曰吾身一私人也。吾國一世界公國也。世界大矣何患無君。夫是以其視中國也恆不以我之中國視中國而以君主之中國視中國且不以中國人之中國視中國而以天下人之中國視中國遂乃以順民之資格實行公天下之主義簞食壺漿以迎來者以靳為奴為隸於異性異種之箝制之下而不自愧惜嗟嗟沈沈二千餘年。黯黯二十四姓。繙其史焉徘徊其鐘簴焉。吾民族之性質。未始不如是。是豈足道者。而要其原因。則一言以蔽之曰。惟公之故。惟無私之故。

厲乎哉公私之界說之禍吾中國也。出一言焉。行一事焉。託於公則羣稱道之。鄰於私則羣非笑之。且不獨非笑之抑必排之斥之僇辱之。腐儒淺夫之守此學說。數千年於茲矣。其意蓋曰公與私之二主義。及至反對而至不相容者也。夫使此二主義。誠至反對誠至不相容。則嚴其界而固防之也亦宜。然亦一即公與私之實義而思之否耶。今夫孝子何以不孝他人之親而孝其親。今夫寡妻貞婦何以不愛他人之夫而愛其夫。今夫令主誼辟何以不保他人之子孫而保我子孫。何以不保他人之黎民而保我黎民則私之爲也寖假而孝子者不獨孝其親而且孝他人之親寖假而寡妻貞婦者不獨愛其夫而且愛他人之不寖假而令主誼辟者不獨保我之子孫黎民而且保他人之子孫黎民則豈非至公平哉然而不轉瞬而指摘必加之而訢誶必隨之矣由斯以譚則夫私之云者公之母也私之至焉公之至也在吾國人非不諗之而奈何至於與身有密切之關係之國家則獨相諉相讓相距相離推而遠之引而避之必不肯以我之中國視中國而以君主之中國視中國且必不肯以中國人之中國視中國而以天下人之中國視中國聲息渺不相聞也利害渺不相涉也休戚渺不相關也痛癢渺不相問也易一主則復一主覆一姓又經一姓伈伈俔俔蜷伏其下長此諗古而不自覺也

且夫茲心也自吾民族言之則誠禍甚而於君主言之則又利甚何也人人不欲私其國而君主乃得獨私其國矣而汚吏敗類乃得奉其國以爲君主一人之私物而上以僕妾色以求榮俳優狗馬行以求祿而下以逞其縱恣殘賊之手段矣語曰『物必自腐而後蟲生之權必自喪而後盜攘之』勢有固然無足怪者雖然蓋亦自

人人不欲私其國。而國之血脈乃不貫注。而國之軀殼乃不完備。而國之病乃日益深。乃昏。乃髦。乃益不可治療。』吾於是知創此公與私之名。而發爲此至公與奴之見者必自專制君主始無疑也不則必一二嬖倖臣爲此以推波而助虐者也不則必一二鄙儒爲此以獻媚而乞憐者也蓋私之一念由天賦而非人爲者也故凡可以入人類界中者。則無論爲番爲蠻爲苗爲猺。自其生時。已罔不有自私自利之心存然人人有自私自利之心於專利君主則不便甚且罔不有能憂心能忿心能思想心能担任心存然人人有憂心忿心思想心担任心於專利君主尤不便甚故必皇皇焉朝夕思所以剗除而推鋤之。然而顯以剗除而推鋤之則又慮夫世必有起而與之爲難者計不若以隱不若以晦不若以不剗除爲剗除以不推鋤爲推鋤於是擁立出私之名號以爲之倀倬世無魁黠智不肖罔不束縛於吾術中而不得自脫然後出其一人之至私指而說之曰是天下之至公也赴之赴之吾將祿女潰之潰之吾將僇女是故黨會。一國之分子也。則謚之曰結黨營私興學一國之元氣也。則號之曰假公濟私究之其所謂私者不過曰不利吾君主一人之私而已然而愚者不察動率相戒偶一言論遭大詬詈推而極之至於爲其國之民而不敢擬議其國之政府之得失昌言一邑之利弊以播以衍以有今日遂以搆成一不痛不癢痲木不仁之中國嗟嗟風雨如晦燈燭無光長夜昏昏鼾睡未已集涂夫而圖處之羣死尸而一室之私乎私乎亦既遏之亦既排之亦既錮之亦既斯之則又何自而激發乎

且吾聞東西儒哲着書立說昌言大號以震撼其國民之精神也不曰獨立則曰自主不曰競爭則曰愛國要其歸宿則亦一私之代名詞而已故其言曰『文明與文明接則以道理爲勢力文明與野蠻接則以勢力爲道理』又曰『凡爲一國民不得由外國人管轄之又其國之全体以至一部分不得被分割於外國蓋國民者獨立而不可解者也』夫是以曰競競於物競天擇優勝劣敗之理務求國權日益伸民力日益漲民氣日益奮種界日益峻以出而制勝於外人外國外族雖至斷頭折脛夷傷遍野血流成渠不稍退悔是豈有他哉亦由於自私自利之一念磅礴鬱積於人人之腦靈之心胸寧爲自由死而必不肯生息於異種人壓制之下之爲之力也

可愛哉私也。可畏哉亦私也。今日不然。則美何以必排英而獨立。意何以必踣奧而建國。今日不然。則和爾士達固之被領於丹麥。猶之被領於德意志也。而何以必血戰圖恢復。印度之夷於英。君猶是君。國猶是國也。而何以人人唾詈之鄙夷之。是蓋旣立國於世界上。卽不得不有界。旣有界。卽不得不有爭。私也者。爭之原動力也。順原動力而飈舉電掣以赴之者興。逆原動力而隱忍姑息以婾旦夕安者亡。理固如斯。無可幸者。雖然。斯義也。吾中國儒哲亦有言之者矣。孟子曰『人人親其親長其長而天下平。』楊朱曰『人人不拔一毫。人人不利天下。則天下治矣。』顧亭林曰『雖有聖人。不能禁民之有私。善爲國者。亦惟合天下之大私以爲天下之大公。』旨哉言乎。證諸西國史傳則如彼。考之中國儒先之說又如此。嗟我國民。可以悟矣

而難者曰。一金之微。至於賣友。借父耰鋤。慮有德色。從井下石。往往而是。由斯以譚。未見其不能私也。否否。吾聞之。凡能私者。必能以自私者私國。必能以自利者利人。今夫中國。地則四千萬也。人則四萬萬也。然而起視其世間。有一人焉。能營營終日。五內熏灼。私其一邑事。如其一家事者否。卽間有之。而平均以計之。果能一邑得一

人否夫一邑至小也一人至少也然且不可得則謂中國亡於不能私誰曰不然不然則非我族類者之攘奪吾之權利迫蹙吾之生命如蛇如蝎如狐之詐如羊之狠雖至懦者必有鏗自由之鐘揭獨立之權旗者矣而顧夷然讓之夷然受之甚甘爲印度之續而不喻則如何也

然而往者已矣來者可追諺曰『從前種種事譬如昨日死以後種種事譬如今日生』及今而人人挾其私智出其私力奮其私一國私一省私一府私一州縣私一鄉區之熱心以圖救其私一國一省一府一州縣一鄉區之私人勵獨立之氣復自主之權集競爭之力鼓愛國之誠以與暴我者相抗拒相角逐以遂吾中國眞面目則中國雖弱未有艾也不然爲奴爲隸寧豈有幸西語曰『生人之大患莫患於不自助而望人之助我不自利而望人之利我』然則存亡之責夫豈在人我國民以中國爲我中國人之中國則中國人之中國矣以中國爲天下人之中國則天下人之中國矣公之爲愈乎私之爲愈乎顧我國民亟自審之

政法

論日本近時政黨與政府之衝突

吾人居他國。他國之內政。無與吾國事也。然無與吾國事。而試放眼於他國政界之風潮。以反證諸吾國之國民。而覺吾國民政治思想不普及。政治知識未養成。痛苦在身。不知呼籲。束縛無饜。不求擺脫。則雖無與吾國事之他國內政。亦足種種激刺吾腦界。使吾懼使吾悲。而不得不繁稱詳說以爲吾國民告。

吾國民乎。亦知吾國於世界爲何等國乎。吾國政體於世界爲何等政體乎。吾不忍言。吾言日本。日本者新造出於世界之一等國。而其政體則所謂立憲也。立憲政体有二。一君主國體立憲。一民主國體立憲。日本則所謂君主立憲也。其頒布憲法不過十三年。召集議會不過十七次。而下議院之被解散已六度矣。第一次明治二十四年。時內閣爲松方第二次明治二十六年。時內閣爲伊藤第三次明治二十七年。時內閣爲伊藤第四次明治三十年。時內閣爲松方第五次明治三十一年。時內閣爲伊藤今又以地租繼續問題議院全體否決遂至停會遂至解散而政黨與桂內閣之衝突乃達於極點。

夫一國政治之進化。恒視在朝黨與在野黨決戰之勝負以爲民權消長之比例差。在朝黨勝則政府勢力進一寸。而民權之縮力亦進一寸。在野黨勝則政黨勢力高一寸而民權之張力亦高一寸。故政府擧一事發一令而其民不敢有異議相爭執。相攻難者。必其民之無政治思想知識者也。使其民而有政治思想知識也則政府之擧動。稍有一不利於已。必將觸發其感情協力奮鬥務奮抑政府使不得行其暴虐手段而後已。是故世界愈文明國在朝黨與在野黨之衝突必愈多愈烈而其政治亦必愈引愈上。否則在朝黨與在野黨愈安靜愈調和而其政治亦必愈疲薾而愈不能善。然則欲觀一國政治之進退不可不先觀一國政黨之進退也已。

立憲政體爲國民自由思想發達之機關。其機關實掌握於代表多數國民意見之國會。國會之成。成於議員。議員之起。起於政黨。政黨者必心有一定之政治主義。而其方針不外計畫國家全般實際之利益。故政黨者實有沮遏政府屬民政策之義務。國會未開。民權未伸。政黨固將犧牲一己之生命財產。供獻國民。以求達其目的。國會既開。民權稍伸。政黨尤必熱心企畫以增進人民之幸福。今欲觀日本政黨。請先言英美政黨。

英國政黨。始於一千六百七十九年之權利請願。其目的在擴張民權。是謂請願黨。Detitioners 後又有非請願黨。Abhorrevs 請願黨稱 Whigs。非請願黨稱 Tories。千七百〇七年開設英蘭聯合第一國會。此 Whigs 寡頭政治自千七百二十年至千七百六十年間。始終貫徹其政治主義。及千七百九十二年。承法蘭西革命之風潮。英國政海大波動。其時則有二黨崛起。前者稱急進黨。The dabicals 後者稱純正保守黨。The tory party proty 純正保守黨屬非請願黨。由地方紳士財產家及請願黨之一部組織而成。急進黨屬請願黨。由請願黨之一部組織而成。千八百三十二年開英愛聯合國會。又有二大政黨起。一爲保守黨。Conservative party 一爲自由黨。Siderat party 自由黨奉帝國主義。保守黨奉非帝國主義。二黨互持英國政局。迭爲消長。以迄於今日者也。美國政黨之起原在千七百八十九年。此時當憲法制定之會議。其言保存自由之行動者爲聯立黨。Federalist 言服從國家主權者爲共和黨。Bepublicans 又或爲民黨。Democret 或爲民主共和黨。Democrate-bepublican 至一千八百年又有二政黨起。一民主黨。Democrate 一國民共和黨。Bepublican 前者抱持共和黨之主義與政見。後者抱持英國請願黨之主義者也。屢經變易。以至今日。共和黨乃稱爲帝國共和黨。民主黨乃稱爲社會民主黨云。要之英美政黨。雖繁蹟如此。其目的實不外擴張民權與防止虐害之兩大義務。

日本政黨。始於明治七年。小室信夫等游歐洲。見英國政治之美。歸國大倡設立民撰議院之主義。遂起愛國公黨。其本誓云吾國數百年來。奴隸人民之餘弊未盡剗除。誓與同志之士。主張人民之權利。以保全其天賜。後以西村茂樹建言之誤。板垣退助憤然脫黨。自糾合一大團體。起愛國社。鼓吹自由民權之說。後改稱國會開設願望有志會。又改稱國會期成有志公會。明治十四年國會開設之詔下。此黨乃純粹變爲自由黨。其盟約書云吾黨擴張自由。保全權利。增進幸福。改良社會。務盡力確立美善之立憲政體。至十五年大隈重信發起立憲改進黨。其綱領爲省中央干涉之政略。立地方自治之基礎。惟自由黨偏重民權。改進黨稍重王權。兩黨正立於反對之地位。然其目的在破壞藩閥之政府。則兩黨如一。仝時更有一大奇黨起。乃大和人樽井藤吉等所起。發稱東洋社會黨。其綱領專持平等主義。其手段則游說演說及發刊雜誌。其盟誓則務與富有精神愛國之士交結和協。然內務卿終以結社妨害治安。禁止傳達。黨遂解散。仝年七月大阪立憲政黨。九月帝政黨。十七年十月自由黨。亦皆相繼解散。改進之河野大隈亦皆脫黨。而別組織進步黨。二十三年板垣乃再興自由黨。始終持此自由主義。當時民權之聲。洋溢全國。蓋日本國會開設之完成。實此自由黨愛國丈夫板垣退助之力居多云。二十七年中日事起。乃爲自由進步兩黨合同之一大動機。其宣言曰藩閥之餘弊尙固結。吾黨務協力以振起國務之沈滯。至三十一年大隈板垣遂代伊藤。此實日本政黨內閣之始。然旋即分裂。三十三年伊藤博文起立黨政友會。其趣意書曰吾黨明紀律整秩序專誠奉公以革黨派之宿弊。當時論者謂讀其書莫得要領。此大政黨實一無主義之會合云。然日本政治之進步全在此諸政黨互相起伏互相抵排。各鼓吹其政說以求媚於國民。而民亦因是得發達其政治之思想知識以馴至今日之地位。今自由黨勢力稍衰。其有大聲勢于國中者。爲伊藤之政友會而大隈之進步黨實與之並立而頡頏。兩黨素不相容。以政府地租繼續一問題。遂忽相聯合。忽相提携。毅然不撓以與內閣抗。

何謂地租繼續。日本地租原率二分五厘。明治三十一年其時內閣松方乘議員之腐敗。種種餡利。而地租增徵三分三厘之案。遂得通過於議院。然又慮世論之反抗。加一二修正。定五年復舊之期限。今度三十六年豫算案內政府又以擴張海軍問題。而遂有地租繼續之事。爲國結難。爲輿論所不容。夫一國政黨與政府之衝突也。其始決非一二日一二人與一二端之事之力所能致。必有種種近因遠因。含蓄其間。伏之既久。破綻四起。然後一朝横潰而不可遏。而政府經年累載所積之垢惡。亦得盡決而知之。而政治於是進一級焉。日本近時政局之決裂。所含之原因甚複雜。

今試舉之。以貢於吾國政界。使有所鑒焉。

一憲政上之問題也。日本憲法。非如英美各國糜數十万生命歷數十年時日。以鐵血購入之者也。故憲政至今尚在幼稚時代。不能發發而民之擁護憲法亦不甚力。西人恆言曰立憲政體者。歐美人之專用物。他人種不能適用者也。吾思其言。而知民智民德民力不足者。非特不可言民主立憲。即君主立憲亦不可言。使其民智民德民力而既進也。則二者政體。果將何擇焉。曰不審國內之感情而徒慕他國之君主立憲。謂是可以省破壞十之六七也。不知始以有所顧忌。不忍一度大破壞。而其後必再度三度之大破壞而未有已也。治水而增堤防則潰也愈甚。治疾不審本原。則復發必死。禍胎不絕。無論立憲不能就也。即就矣。二十年或數十年。適以利他族之用。而仍歸於專制政體。且又加毒焉。此必然之勢也。日本所謂天皇万世一系之國。而其憲政之危機。猶時時發見。其自言曰。明治二十七年以前。是精神的憲政。明治二十七年以後。是體制的憲政。挾私權以蹂躪公權。專制暴戾之隱微畢露。故政黨宣言。謂今日不可不乘政海風潮。一掃腐敗。以改進憲政。求全人民之幸福。此其衝突之原因一也。

二藩閥上之問題也。昔時歐西各國貴族與平民階級甚重。凡種種風雲慘憺血肉橫飛之烈劇。幾無不從平民與貴族爭權一大問題演出。日本維新以來。藩閥之勢雖稍殺。然其餘波剩沫影響所被。犹時相軋轢而不絕。今表面政局雖在政黨。而其實勢則仍生存於藩閥之手。陸軍海軍。惟薩長兩藩之人執其實權。兩省之參謀本部亦必俟舊閥之將軍。而貴族院諸員。又皆有一種頑冥的痼疾。但知保護自己之權力。忌避政黨內閣之成立。故時與政府相因依相狼狽。以各固其地位。蓋維新以來。飛揚跋扈擾亂政界之秩序者。實在此閥族。夫富貴者之對於貧賤也。其不免妄逞私意。破壞公德者。亦必然之勢。而行政之無信用無責任。尤爲閥族政府之慣例。今日本政黨奮身肉薄。以爲政府決戰者。亦在求達此打破藩閥與貴族院固陋之一大目的。此其原因又一也。

三國情上之問題也。政府之言曰。熟審世界之大勢。不得不充實國力。欲充實國力。不得不擴張海軍。欲擴張海軍。不得不繼續地租。雖然。難之者亦有辭矣。二十世紀之時代。經濟競爭之時代也。歐美各國。表面雖裝武力。其實際則皆努力於和平之經營。故于廣漠之亞細亞大陸。務伸張其利益線。以補助本土之富力。蓋世界大勢。雖在軍備與實力(實業之力)之競爭。而最終之勝利。則必在經濟。擴張軍備。實有害經濟之發達者也。經濟不發達。則國力亦因之消耗。然則國家之方針。當急謀富力之發達乎。抑將急亟謀兵力擴張乎。二者並急而同時應付。當以何者爲先乎。此其說一也。伊大利頻年擴充軍備。費非常之巨額。調查某學家之言曰。伊大利國會之表面。雖爲租稅之增加之敵。然實則經濟節減之大敵也。至於今日。財政困難。幾幾不能自救。故欲拓殖國力。不可不先注意於生產業。英國于世界到處有殖民地。有貿易線。遂不得不擴張海軍。以擁護實利。今日本除台灣朝鮮之軍備。擁護人民安寗外。在本土域外。更有何物可擁護乎。日本商船運般滿洲之大豆類。及朝鮮之米穀。與南北支那之綿絲布及其他雜貨。有二十五萬噸之軍艦。游弋海口。殆可安寗無事。故擴張海軍之說。實爲外交家之野心。全與商船商民之保護相離。今試舉商船與兵船噸數相較。日本之國力所可見矣。然則欲擴張海軍。不可不伴一國之實力。此又一說也。西班牙最長於政治與戰爭。因能組織武士與政治家。然遂不能勝荷蘭之經濟的能力。故史家謂西班牙當日但知消費金錢。不知生產。實一大病原。日本亦一尙武國也。歷史上素持尙武主義者也。所短者惟致富之策而已。國債已募。國稅盡課。而財用犹患不足。此實由經濟界之威靡不振。兵愈强。民愈貧。飽受貧名。而無實益。且不自振興實業。而但多製軍艦。將吸取此衰弱之民。以盡供獻外國之工業家乎。此其說又一也。凡此皆因原于國情上之問題也。

四社會之問題也。世之區別社會有上等中等下等之分者。果何準據而云然乎。亦準據於其貧富貴賤耳。富而貴者爲上等。貧而賤者則爲下等。世界上富貴者常占少數。貧賤者常占多數。而介於富貴貧賤之中者亦常占中數。故欲調和社會。不得不籍此中等社會之力。蓋有調和而後有損益。有損益而後尊者降其尊。卑者脫其卑。階級化。勢力均。政治乃至於平等。今日各國政治家無不以社會問題爲最恐怖之事業。凡所謂農民問題。貿易問題。勞働問題。無不由社會問題生出。封建時代農民殆如奴隸。以最低之生活。受最重之負擔。近世以來。四民平等。漸重恒產。海外文明諸國。無不注意於農界。保護擁衛。以求發達。而農業上之最大關係。實在地租。今地租苛稅。冠絕世界者。惟一與國。是不脫封建之餘習。不知地租之重。其痛苦不在地主而在小作人。蓋地租高則兼併易行。大農專其利益。小作人必受地主之威嚇迫脅無疑。且商工界之發達。由於農業之增進。農民社會困阨。則凡貿易與勞働之人。亦必蒙業其餘波而後已。故中央政府之誅求過重。疲弊所至。不獨農業損害。即商工業亦皆受打擊。夫政府者所以保護農工商而使之發達其事業者也。若不顧全國。一般之利益。妄用强硬手段。是政府對于平民之無情。爲至不平等。豈非社會上之公敵耶。社會之公敵不去。則幸福何時得進。此又日本政黨與政府衝突之原因也。要而言之。則以上所舉諸問題。實一責成政府之問題也。蓋政府者亦國民中之一分子。非多數之國民。必當盲從屈服于少數之政府也。故國民對於政府而負有種種監督之權利。且立憲政體。君主無責任。大臣則不可無責任。而大臣者又非以能圓滑其行政手段爲責任。必當于行政之外。確有政治的公德見地。公德者何。即政府對於人民之信義也。假使政府與人民立一契約。此契約明明有界限。明明有期限。

而或侵其界限。或逾其期限。是政府顯違政治的公德也。一事如此。事事如此。將種種暴虐手段。皆無不可逞。政府一己之私意而爲之。是久長蜷伏于專制政體之下無智無識之人民。爲可一任其播弄耳。若人民稍有智識。不肯自放棄權利。則必團結多數之人之力。以起而攻擊政府者。亦情理之至正也。日本爲立憲國。而政府之手段。猶時不免于專制。故此次政黨宣言。一則曰政府無責任。再則曰背國民之公約。損國家之威信。而其最終之要言。則曰政府欺瞞人民。非眞有整理行政之能事。吾國民不可不竭力以廓清中央之政界。今日此議會散矣。衝突極矣。自此以後。日本黨政之改進。閥族之絕滅。社會上或被百般之利益。凡此皆不得預知。要之政府之蹶焉必矣。何也。蓋少數之政府。以不能與多數之政黨爭也。必不能與多數有政治思想知識之國民爭也。故國民自不欲權利則止。苟其欲之而爭之。則立於多數地位者。未有不能勝少數之政府者也。然則政府亦何樂乎與民敵。而身爲集天之的也。」由是觀之。日本民智民德民力。雖下於歐美數等。而僅以一關於財政之地租繼續問題。與政府爭之力也犹如此。豈非以財政者。關係一國生命。非可任政府之紊亂而不一問者耶。夫國之有政府。所以代人民謀畫全般之利益。而此直接間接之利益。又不可不先放擲巨額之資本以敷設之。於是取於民而有租稅。而此租稅者實則仍以支配於全體之社會。而民焉願割棄其胼手胝足終歲勤勞之所獲。以納於政府者。亦謂此乃吾身家安寧之代價耳。與以求身家安寧之代價。而政府乃任意監督焉揮霍焉。不一爲之經理焉可乎。政府任意濫費揮霍。不爲之經理。而納此代價。顧亦安然坐視。不一起而詰責焉又可乎。嗟乎胥吏退呼。則風雲變色。堂皇敲朴。則血肉俱飛當其橫征暴斂。索之惟恐不盡。虐之惟恐不力曰此國家之要課也。此天庾之正供也。而及其度支之若何出入。則非特不與民商權。且不一使民共見也。此於納租供稅之外。息焉游焉。以終天年。以長子孫。亦若凡國家事。吾儕小人可弗預焉。嗚呼有國者不愛其民。謂之賊民。有身家者不愛其國。謂之自賊。賊民者有民而無民也。自賊者有國而無國也。無國無民。尚何言哉。雖然奴隸之服於主人也。任其箝制。任其笞撻。不敢與校。亦或積威約之漸耳。及一見他奴隸之對于主人也。有義務亦有權利。而後知奴隸而無思想無知識。必將永永爲奴隸。不能自拔。則至此

而不奮然恚恥亟亟謀脫於沈淪之悲境者蓋鮮矣然則觀日本近時之政局為國民者可以興已

教育

論盎格魯索遜人種之教育并中國今日教育之方針……毅　巨

普天下愛國諸男子有欲以教育救中國者其一聽予言

非有翻天倒海之氣魄佐之以快刀切麻繩之手段則不足以言教育非有若保赤子之誠心佐之以如電之眼光則不足以言教育何以故則以言教育必當先破壞故則以言教育必當首建設故而不然者則搖鈴開講聞鐘吃飯欲博數十金以餬口以養家口則既餬矣家則既養矣而不知于我中國有絲毫影響焉否也

我今欲明我旨所當開宗明義提議于前者有一事則教育與學校學校與學科之界限是也須知學校者教育之主體而非教育之全體學校者教育之機關部而非教育之目的物而學科者則又學校之主體而非學校之全體也言教育而眼光僅

着于學校言學校而眼光僅着于學科其謬如以朝庭爲國家等自今以往吾不患中國學校之不興吾不患中國學校之學科之不備雖然若以言救中國則用以自慰可耳吾知其必無効必無効夫以一學校而內力不充其不能敵全社會風氣之所趨者勢也就令窮教習之心力教之以愛國教之以愛羣日日神疲而心勞彼童子退而息焉僅使其若父母若鄰若朋友一言以挑之彼即舉數日以來之所受者而忘之矣此就學校與社會之關係言之也若以言學科則夫聖經賢傳中國人向之所日手一卷者也雖然吾聞其言曰「是不過書上說說耳」然則非打破此難關雖舉數千百倫理大師口講而指畫吾知其不流入于昔之所謂者幾希矣嗚呼就令有善學校有善教師而其爲効仍難若此而況乎并此而無之也雖然并此而無之其原因蓋仍在社會與學校之風尚未變故今日而言教育必自改變社會風尚始今日而言學校教育必自創造學風始

知此則可與言破壞建設二義矣我中國今日學子常抱一誤解以爲教育者和平之事業而非破壞事業也嘻天下之破壞事業孰有大于教育者哉吾今發一問夫

中國之弱。果何由而致之也。凡天演之理。國民之品性其合于世界之大勢者存其不合于世界之大勢者亡教育之所以可貴者以其能移品性之不合者使之合也我中國立于大地二千年矣其羣治之組織乃生一種特別現象其國民之眼光常在區區一小圈內于是于宗教于政治于學術于無量數之方面生出種種之原因遂以造成今日之形勢嗚呼使此社會而果能合于世界之大勢則天下莫强之名譽又何讓焉而孰知適于昔者乃大相反于今也然其組織則固已年長月久根深蒂固殆如鐵網重重散之于種種方面又如連環相續牽而復轉吾嘗試之爲吾中國除一弊常因一而十而百而千愈演愈多乃至不可紀極嗚呼使其氣魄稍弱手段稍亂不辨本末不擇先後而欲掃除一切與民更始則固未有能濟者也

雖然言破壞矣使無建設也則未有能破壞者也夫社會習俗必有所趨徒舉其惡者而痛心疾首而掃除之微論其青黃不接乃釀大禍也且吾知其必不能去雖然建設云建設云又非可以鹵莽滅裂而爲之者也吾前之所謂破壞者在去其舊染固已。雖然凡一國立于世界上有歷史者必有獨具之特性秉之于歷史地理宗教

學術上若悉舉而去之微論其不能也且其新者又從而不固而必于此混淆腐敗空氣中別擇其善者而守之勿使滔滔者隨與俱去此其勢之甚難固已即就別擇言之又斷非僅以中國一圈內之眼光而遂能別擇者也蓋必其洞察世界今日之大勢求其歷史以觀其發達之所由而推及其將來夫然後縱橫上下以求其通以計其全則始宗旨可定而建設有其基礎也而苟其得之則又必其精神足以呼吸萬類貫注全體其氣魄足以融鑄羣倫而感化之苟不爾者則其人既不見信于其羣則其宗旨必不能貫注于人之腦嗚呼言破壞難言建設尤難世固有悲智兼大以從事于茲盛業乎雖爲執鞭所忻慕焉

吾今敢正告天下曰今日中國之大患蓋不在顯見而在隱微而吾之所以汲汲皇皇痛心疾首而欲救之者乃正在諸君所謂「是亦毋傷」「是亦人情」「是蓋積重難返之習俗」之一點也吾嘗謂國而亡也必亡于不知不覺中蓋謂此也聞者疑我言乎吾請舉盎格魯索遜人種之教育與我社會相比較願一一劾之一一對之若以此事爲難能爲毋傷乎嗚呼斯果予所勿屑也

當歐洲五世紀。有上陸于台母士之南之一羣索遜族。至六世紀之初。有盎格魯族者侵入與之混此則盎格魯索遜人種之所由來也。其特性逐漸發達。其民族逐漸膨脹首固其本于大不列顛及愛蘭二地其文明遂大進。其膨脹力遂出口挾其農工商業以與異族競而美而澳而非而亞建大强國二。英一美。統率人類至四分之一以上占領陸地至四分之一以上偉大哉其民族之歷史莊嚴哉其社會之文明而其民族前途之活動力尙泱泱乎其未有艾。嗚呼自有歷史以來未有繼全之人種如盎格魯索遜人者也然則一民族而苟欲自存于世界其亦知所恥法矣。嘻使彼而生是使獨也則吾亦已焉而已其不然哉其不然哉彼其所以致此之由。其原因非一而教育特其重大者也彼其于家庭于學校于社會其教育也與尋常異與尋常異嘻其堅忍不拔之性質其獨立特行之精神其强大之體力皆是教育之結果也吾就其特別之點言之蓋有數端

其一　彼父母之視其子女也不以爲己之繼續物而以爲國民之分子不以爲己之所有而以爲國之所有其子女而能離父母而獨立也則歡喜無量彼其苦心經

營以教育其子女也必曰『如何而使吾子可以得獨立之精神也如何而使吾子可以得獨立之技藝也』彼父母盖爲子女而教育子女非爲已而教育子女非爲其養老送死而教育子女彼常曰、爲自己而教育子女而視其爲吾之所固有物是蓋以利己心而賊其子女者也故常有二人垂老而其子乃冒重洋越萬死數十年而不歸者而彼亦未嘗有所戚戚于其心也彼又曰爲父母一人之私利而左右子女強之使順從已是視其子女爲其慾心之玩弄物也吾之子女不若是之賤也毅誠曰懷哉懷哉彼族之所以獨優于世界蓋有由哉而我中國則何如謂出門三百里發懷鄉病泣虫歟弱虫歟雖其性質薄弱蓋亦漸漬侵潤由來久矣然而固曰子、吾之所有也養生送死父母之所以樂有子也是固人情也天理也何足道嗚呼而孰知此即致亡之因也

案吾述是言吾知人必大駭雖然蓋何疑焉夫倚賴者人之惡根性而報恩者則又世界之大義也故父母不可依賴其子而子不可以不報恩于其父母且使父母而固視其子爲所有物果何利乎莊子曰有人者累吾中國人抑何見累之甚

也吾嘗見有以中年後之人而坐是累故卒身因之弱神因之困者矣而國遂因之而不振嗚呼是亦可以已夫雖然彼英人之所以能致此者蓋有由也遲婚一也女學二也人各有職業三也凡社會一風俗之成必有種種方面互相連絡而始立故是又不可一端論也要之生子而敎育之父母天職之義務而爲之子者受其恩而報答之亦天職上之義務兩無可辭者也吾願讀者勿誤解也

其二　彼父母之親子女也又甚重彼不僅不視其爲己之所有物幷不願其爲人之附屬物其敎育之大宗旨曰一人爲一人故責之重責任使之盡義務敎之主張權利其啓發智慧也務在實地使自驗之其造就品性也務在尋常使自覺之故彼不以小兒視子女而以成人親子女彼常曰重之則人自重輕之則人自輕若自少年而養成一種卑下之性質則無論何人必不能使之棄惡而爲善然則我中國則何如姑無論其以小兒視小兒則且有以小兒視成人者矣彼固曰子吾之附屬物也若夫權利云云則吾國向來無此字義更無論也矣嗚呼

其三　彼之敎育子女也務使其子女爲將來社會中之人物而不爲過去之人物

故決不以適于故去時代之教育敎之務使其自出能力自闢新境若父母舉其身已過去之經歷境過而爲其子女之模範等事蓋彼族所無者也然而中國則何如夫尊古固中國之大特性也嗚呼水停則汚人停則死人之所以勝于羣物者以其善變耳以停滯不進之社會而處變動劇烈之世界吁其危哉

其四　彼以使其子女從事于實業爲第一義務彼有恒言勞動神聖也彼視職業無上下無貴賤而惟以勞動爲最尊貴而惟以自食其力不食于人爲最尊貴其所賤則怠惰而食人者也故彼雖貴族富豪之子有農夫矣有鍛冶矣有大工矣有商人矣有鞋匠矣而皆無貴賤而所賤則有之矣政客官吏是也故盎格魯索遜人之專業政治者頗稀除少數之學者以外餘皆以實業爲主以學理爲補其國民敎育之所重者在家庭在實際社會所謂學校者不過教育中之一小部分而已　未完

續無鬼論

樂書陳　榥

海陸渾渾。萬類賦形。鑛物界植物界之外。有動物界焉。止而知靜也行而知動也飛潛喙跂之微生而皆具此感覺者其較諸植物鑛物而靈者也然感覺出于知識西儒聽特爾之言曰。「觀犬羊諸畜而知其未嘗留心于物理也。如震雷則羣畜懼甚。日食時。牛羊歸其欄。飛鳥宿于林。以爲日之夕矣。惟人則異是。凡所見之事。所接之物。不第感外官之覺。抑且動內心之思。故每接一事。非祇思此事而已。必牽及原始終末而求其關係焉。」斯言也。甚以言乎人畜知識之深淺也。畜類之知識無多故畏怖起于當時昧于先時忘于後時人則先時豫後時之防故有遷避心有冀倖心由是而有禱求心禱求而有崇奉心崇奉而有迷信心因之圓顱方趾之倫其昏瞀于禍福鬼神之說者遂居其大半矣間嘗絜觀民族國家興亡之故知其與鬼神禍福之說大有關係非洲之人聚一木一石而拜之以爲無上之尊而種將盡矣印度之人信天堂地獄之說至以溺死于殑伽河爲登天堂而社已墟矣埃及人以尼羅之河流卜歲之豐歉而國已奴矣安南人喜蠱魘之術而邦已覆矣回教謂其始祖出于畜至今犹禮拜之勿替而土耳其波斯非利賓或殆或亡矣信鬼神則危亡世界各國龜鑑若斯不爽亞洲之東有待亡之老大帝國焉亦一信鬼神之國也各行省中廟宇不知其幾千萬落壇壝不知其幾千萬家香火不知其幾千萬種今歲甲地之神與大會明歲乙地之神與小會某日某神誕也某所某鬼現矣浸淫滂濾忘反流連故風俗如中國實可稱爲純粹信鬼神之國而竊信者之心以爲鬼之智甚超而權甚赫君相有生死鬼神主生死國家有興亡鬼神宰興亡凡民有起居飲食鬼神察起居飲食嗚呼鬼神信如是卓絕于人也固宜其泥首聽命矣雖然人之于畜其圈人所賜之居也其芻人所賜之食也其行則人鞭之東而東鞭之西而西也故人負其卓絕之智力以統馭之而畜類遂莫敢誰何以至宰之割之烹之而無或倖免使鬼神之于人亦犹是也吾烏知宰之割之烹之者畜受諸人而人不且受諸鬼神也故幸而無鬼神人類尚未蒙斯慘毒乃犹坌息相告謂夫陰界冥冥上界昭昭要自有赫聲濯靈者爲之主宰一挾此見捕風捉影之談援爲實據鬼神乃眞得

而遇之矣諺云疑心生暗鬼暗鬼生疑心今之所謂鬼神者抉其弊實不過疑心暗鬼之因依而遷流久而附會多而濡染酷遂使世界各處之弊俗我國乃兼而有之非洲之木石有時而神吾國之木石有時而妖印度人居溺死者以天堂吾國人居溺死者以枉死城埃及人河流以卜歲吾國人神像以治蝗安南人喜蠱魘之術吾國人尙鸞覡之術土耳其波斯非利賓宗回教吾國則于回教之外雜以釋道而門徑岐迤。支派囂紛。必欲一一舉之。幾于更僕罄管而不能覼縷。茲特辨其大略。敘類而紕其謬。以爲我同胞告焉。

一　偶像

二　魂魄

三　妖怪

四　符咒

五　方位

六　讖兆

一盈尺之木。堆泥具耳目口鼻手足形。而拜跪于其前曰。其能禍福人也。城隍之廟。出入生死。入其庭。爲隸爲卒爲皂爲役。怖其狀。或舂或磨或鋸或烙。腥其刑。睨者乃戰怵自惴曰。冥罰之可畏。固如此。雖然。人何由而生。何由而死。權果屬于城隍與否。此理明而城隍之妄。將不言而自明。夫人之有生命。乃始號時而爲城隍所授者乎。據流俗所說。大抵如斯也。不知在乃母腹中時。早已生矣。且不在乃母腹中時。早已生矣。何則。人與人之相替。以種相傳者也。西人攷究人種。知爲極細之虫。形蝌斗而長尾。其初胎也。亦不止一精虫。而羣精虫相競爭。惟强者獨存。後乃變成人形。竊爲比而觀之。植物之種。受肥料之滋養而萌。人類之種。受血液之滋養而嬰。故謂動物之獨有生命。誤也。既嬰而有人之生命。未嬰而有虫之生命。故謂弧帨之旦。而始有生命。尤誤也。植物之生命。農夫有樹藝之權。動物之生命。乃父母有生育之權。故謂城隍之輪廻。主此生命。更誤也。人之死也。如老樹之必歸腐朽。如舊機器之必歸損壞。乃新陳代謝之公理。必曰城隍。吾無能與之辨。雖然。近年恆多疫。如鼠瘟如虎列刺。時有所聞。鼠瘟之病。乃極細之菌。集于皮膚上。透入膚內而至血管而病源在于菌。故具傳染性。一人病此。其餘菌即足以傳染他人。虎列刺之以菌相傳染亦然。然而同一鼠瘟虎列刺。發于中國之牛莊福建上海蘇州杭州等地者。誦經號佛以治之。罹而死者多。發于日本之神戸東京新瀉等地者。栅居燬室以防之。罹而死者少。一多一少。視乎防與不防。則防疫有權。而城隍之死人無權。防在菌。不防在城隍。則菌有一時之權。而城隍并無一時之權。則死與城隍何與也。夫至生死于城隍無與。而猶以其像爲神者。吾知必無是人。不以城隍爲能生死人。而以他神爲能禍福人者。吾更知必無是人。故舉一城隍。而凡廟食如城隍者。皆無煩吾之贅述矣。

二　魂魄之說。其爲鬼之推波助瀾耶。俗云薦亡魂。俗云賑孤魂。俗云三魂七魄。推其意似魂與鬼甚相似。而魄則爲鬼之所守。按人之靈能由于腦。腦有大腦小腦之分。一主知覺。一主運動。而傳知覺運動之媒介物爲神經。人死時。目無視。而視官之神經熄矣。鼻無息。而嗅官之神經熄矣。耳無聞。而聽官之神經熄矣。口無言。而語官之神經熄矣。手足腰脊不能運動。而肢體官之神經熄矣。夫神經俱熄。爲靈能已寂之証。何則。靈能者出令者也。神經者傳令者也。神經之于靈能。如傳電體之于電。如傳光體之于光如傳音體之于音如傳熱體之于熱故必有電有光有音有熱而後可傳否則無所傳也爲靈能傳令之神經亦若是焉耳已靈能之于腦如電之發于電池各音之發于振動體如光與熱之發于燃燒體而其寂也如電量之已竭如振動之已止如燃燒之已畢故老而健忘爲腦弱之初死而全忘爲腦弱之終馴以漸至老瀕于死成歛級數焉由是觀之生前有靈能死後無靈魂也又人之身體爲燐爲炭爲養爲輕爲淡各元質所組合而成屍之腐爛由于淡氣之易發出與夫空氣中養氣之易酸化葬諸墓內酸化較遲然而潮濕之薰蒸終必腐盡而後止當其腐也或爲氣體而散出或爲液体而流出要皆性質廻異之化合物其能稍持久而不遽變爲化合物者雖有纍纍之枯骨然膚盡則骨繼之生化合物亦性質廻異耳而過古壟之前者輙心計曰是有墓焉是必有魄焉抑必有憑依之鬼焉不知殘骸剩骨以待化合化合而去者屍生此非屍而亦生此也化合而留者墓有此非墓而亦有此也故夫墓有何物物果魄否可知也屍即魄乎魄即屍乎吾亦不敢强爲流俗定然而化合之物有公理墓內之物有定名三尺馬鬛封之內第問其化學作用何

如而無魄即可斷也夫死後無魂魄則夜間無鬼物可知夜間無鬼物則一切新鬼故鬼之現形其爲八公山草木之兵者夫亦可以息喙矣（未完）

經濟

日本財政攷

第一　銀行業發達之情形

銀行之事業在歐洲古時與今日情形大不相同古時所設銀行者不過爲衆人存貯貨幣之所及爲貨賣買交換之中心點今日之銀行事業則實爲國民全體信用之媒介及貨幣流通之機關十八世紀以前爲伊大利式即舊式銀行制度施行之時代十九世紀以後爲英國式即近世新式銀行事業發達之時代也舉歐洲大陸諸國銀行其組織構成之點及業務之種類方針無不模範英國銀行業務所應執行之種類性質其最重要處有二點一爲受動業務即收貯存欵并發行劵是也一爲加動業務即對商工業者得借與現金而扣其利息是也譬如甲將某物賣與乙

言明價洋千元。乙付甲契約一紙。寫明三月後付洋。但甲之意。欲早得此千元。以爲資本庶商業可以敏活運轉則甲可將此契約持送銀行中。該銀行即由本日算起。至滿契之日止。該利若干先行扣除。以其餘金給甲。滿契之日。由銀行向乙受此千元金額。如此則甲可以早日得金。以運轉其資本在銀行則以契約作抵。借洋與甲。其事亦極穩當。且可先扣利息。更爲受益。此實英國銀行發達歷史上最偉大之事業。而爲大陸諸國所模型者也。日本維新後所立銀行。大率取範歐米。其當時惟有質屋。距今約四百六七十年以前。政府曾發法令數條。一日用品物等皆得質入。衣類以一年爲限。武器以二年爲限。二、利息最重者。以五分爲限。三、凡營質屋事業者。須有十分資力。否則處罰。若該質屋行爲不當。則鄰近人民。均連帶負擔責任。其後又制限利息。不得超過二三分以上。及德川氏秉政。有德川百條。凡質物經過八箇月後。該質屋債權者。即得變賣其物。此百條制定之時。所稱爲札指者。有百九人營一種銀行事業。札指者。即政府米廩之看守人是也。此米廩專支給祿米於士族。而給以領米憑單。有一定期限。凡欲先期領米者。則可將此憑單。交付看守人。請其墊付。看守人此時即可依照憑單。米數。扣除利息。然後給米。及領米期到。該看守人即持此憑單。向米廩支取全額米數。此爲慣例。故米廩看守人漸漸充富。益擴張此業。凡各士族有抵當物持往。或將該憑單抵當者。幷可借與金錢。政府亦以此事有利可圖。於是制定條例。凡借金者得以二倍半之物作抵。譬如借金百元。須以三百五十元之物作抵。而繳納五分利息於政府。此實爲日本全國銀行事業發達之始。明治六年以前。大約皆行此種業務云。

大阪地方從前爲許多諸侯。米廩所在地。且爲商業之中心點。距今百餘年前即元祿時代之際。證券之業務。大爲擴張。此種證券施行。出於大阪天王寺屋五兵衛所創造。商業家卒稱便利。蓋即如我中國錢莊之類。日本稱之爲兩換商。兩換商與顧客所交易之證券。與今日銀行證券無異。又兩換商相互之中有所謂親兩換者。亦猶今日中央銀行之於普通銀行之類。但當時所謂親兩換者。不過有最大資本而究與兩換商無異。營業者亦極多。非若今日之中央銀行僅有一所。此則兩者情形不同之處。此外各種證券。皆盛行於商業間。維新草創之際。諸事破壞。信用制度信用機關等亦爲之搖動。因而大阪各銀行家。或廢止其事業。或縮小其範圍。信用制度。阻滯不行。交易率以現金爲度。於是金錢缺乏。怨聲載道。市面爲之大壞。政府再三研求金錢流通之法。遂創造爲換會社。由明治元年起至八年、支出資金七十六萬四千三百七十六元。然無甚成効。

維新之初。諸事取法米國。銀行之例。政府亦彷照米國式。創設國立銀行於明治五年。制定國立銀行條例。此時政府發行金札引換公債證書。以期維持恢復從前帋幣之價格。使不致下落。於五年內銷除其帋幣。其銷未完者。不論何時。有持此種未銷除之紙幣來者。政府皆可給與金札交換公債證書。政府發行此種公債證書之方法。係由該國立銀行。提出資本紙幣十分之六。呈送政府。政府即依其提出之數。以金札公債證書保管之於大藏省。由大藏省給以同數之銀行劵。其餘十分之四。則爲現金。以預備銀行劵之兌換。此時政府又因監督國立銀行之故。於大藏省內設立銀行局。

政府欲創設國立銀行。以達其融通金錢及整理紙幣之兩目的。故於東京設第一第三銀行。橫濱設第二銀行。新潟設第四銀行。共設銀行四所。統共資本金三百六十五萬元。以十分之六算之。該銀行券發行之總額爲二百十九萬元。但此時市場需用現金。所發行之銀行劵。無不向銀行兌取現金。於是銀行堆積銀行劵甚多。而現金所預備者。頓因而減少矣。

明治七八年之交。因信用機關阻滯之故。現金流出殊甚。政府始改正銀行條例。一面增設銀行。使金銀容易流通。一面開士族等謀生之路。明治九年八月士族等奉還秩祿者。（維新以前士族皆有一定秩祿）皆廢止其年金。而給以五厘或一分利息之公債證書。但士族等狃於故態。鮮衣飽食。無所事之。未免入不敷出。政府又迫使彼等以此公債爲資本。創設國立銀行。爲彼等將來生計。

銀行條例改正之要點。一、國立銀行。創設後以二十年爲限。得以營業。二十年以後。則變爲私立銀行。此時則該銀行失發行銀行之權。二、國立銀行之資本。最少須十萬元以上。人口二十萬以上之都市。則須二十萬元以上。然經大藏大臣之許可者。亦可創設五萬元以上之小銀行。三、銀行以該資本總數相當八分之公債證書存貯大藏省。大藏省給以銀行券。該銀行即得發此券。四、銀行須預備法貨。在資本總數五分之一以上。五、發行券總額之半數以上。不得用五元以下之券。

此外又有數項。一、銀行不得買賣不動產。二、銀行不得從事製造工業。三、不經大藏大臣。不得與外國銀行交涉。四、不得以本行之銀行券或股票借與他人。五、不得以總資本十分之一以上借與一人。又該存款總額中至少須預備四分之一。以便支付。此預備款內十分之一須用公債證書。

該條例改正以後。銀行但預備銀行券四分之一存置不動。其餘四分之三皆得任意使用。以致大得利益。又存置大藏省中之公債。亦年年生利。遂坐收二重利益。故不獨以前所設之四個銀行生意融通。且因之續立許多國立銀行。明治十二年之末。增至百五十三行。資本金總額四〇六一六〇六三元。發行券總額三三九六五二八二二元。

（未完）

印度滅亡之原因

第一節　敘論

據人種學家之言曰。宇內最古建立之國有六。第一爲支那。第二爲印度。第三爲美索不達米亞。第四爲埃及。第五爲北美墨西哥。第六爲南美秘魯。此六國者。當紀元前二千五百年之頃。已在全世界發揚文明之光輝。而至今日駸微駸弱。有已成過去之名詞者。如美索不達米亞久淪於土耳其　有名存而實亡者。如印度墨西哥秘魯者爲白人之殖民地不過存一空名耳　有奄奄一息若存若亡者。如支那埃及　舉不能占一位置於今世界。豈果退化爲公例乎。抑亦天演之競爭使然乎。夫古時之國。在今日斷無退化之理。不過人事之力微。則天行之力勝。遂使世運之平陂。一若行橢圓線。不難推步而知者。此在結晶體政治之諸國。其過去陳跡。往往然矣。試一繙東洋之歷史。其國土有無盡藏之富源。其人種有極高尚之理想。其開化最早。其文明最著者。則莫不曰支那矣。印度矣。然而所謂印度帝國者。早已將一百五十五萬方里之地積。二億五千六百萬之人口。俯首帖耳屈伏於安格羅撒遜人種之下至今印度二字實不過爲歷史上之一名詞嗟嗟山河破碎身世浮沈彼茶褐人種者將永爲奴隸牛馬而萬刼不復乎悲故宮禾黍撫荊棘銅駝亡國慘情吾誠何心而乃述此而今日者位於喜馬拉亞山北之一大帝國其運命又屬何如又屬何如觀於今日之印度即爲過去之支那觀於今日之支那即爲未來之印度彼白人近日所施於支那之政策何一非前時所施於印度之政策乎彼印度前日所經過之歷史何一非支那現在親歷之歷史乎吾人一讀印度史但覺滿紙腥風一把血淚目之所接心之所觸誠不知己之置身於印度乎抑置身於支那也嗚呼支那支那爾其竟爲印度之續哉夫亡印度者印度人也非白人之智力能亡之也其種姓混亂其語言龐雜其宗教分立用使全國之民無統一精神無愛國思想在上者沉湎於歌舞而不知有大義在下者熱情於聲色而不知有國讐投國家於半生半死之中而尚不自知其已亡洎乎苛政百出暴歛橫興束縛其權利牽制其自由甚至不能與白種之女僕交語而後始覺痛癢欲脫羈絆則無如彼已吸其膏血扼其咽喉雖有拜提爾耶厘之勇氣地破齊布之壯志亦終無術以

圖恢復嗚呼印度亡矣後之爲印度者其亦引以爲前車之鑑矣夫空言未來之運命不如實證已往之歷史爲尤得也彼印度者旣已演此慘劇映入於吾人之眼簾殆天特欲留此未亡之印度使之有所觀感有所奮發而不願其爲印度之續也則吾又安得不熟讀其歷史一研究其致亡之原因而力求所以免蹈此覆轍者歟爰釐其先後之原因而論列之幸毋使後之視今亦猶今之視昔也

第二節　印度之地理上關係

氣候之寒暄食物之質點山川之疏密皆於人身有密接之關係故研究歷史者地理爲重要之一部分而於家國之興衰亦有間接之原因焉印度全國之地勢起亞細亞細中央斗出於南海爲一大三角形北倚喜馬拉亞山西臨阿拉比亞海東枕孟加拉海北緯自八度起至三十五度全國面積共一百五十五萬方里其北境以喜馬拉亞山爲屏障更南出一支畫孟加拉之東部及亞桑與緬甸之經界者是爲奴額罷雷爾山又西北之一支蜿蜒南向而達於海邊者是爲塞甫特克山司拉門山與赫拉山凡注於南方之水流皆發源於此夏日之間南洋水氣蒸騰上達被定

時風所吹蕩而北馳。來至喜馬拉亞連山。即降爲霖雨。因以養印度河之水源。而山之南坡。受此雨水。土地悉爲膏腴。東自孟加拉海灣。西至阿富汗國境。及阿拉比亞海之地。皆此水流所灌漑之部分也。其平地流於北印度之曠原者。則有三大河。曰印度河。曰布蘭瑪普拉河。曰恆河。印度河者。發源於喜馬拉亞山。貫克什米爾西北之依斯加爾特深峽。經槃若普州。而西南注入海。其長有一千八百餘里。布蘭瑪普拉河者。亦發源於喜馬拉亞山之後。西藏山中。東走貫喜馬拉亞山之東端。而入亞桑。流至孟加拉之東部。爲一大航路。便於運輸百物。恆河者。發源於喜馬拉亞山麓。貫通一千五百五十里之地。爲衆水之合流。印度北方人煙稠密之田圃。藉茲灌漑。以豐養物產。故土人稱之曰聖水。其南方之地。爲三邊之高原。連山環繞。其中數千里皆平土。有名之商埠。孟買、麻特拉薩、賣索爾等。皆在焉。自昔入寇於印度者。多踰東北或西北之山嶺而來。每次順河流。逐先入者於南方。而自代居其地。當印度草味之時。高地之亞細亞人。蒙古人。及高加索人。漸逐水草西來。從喜馬拉亞山西北之凹處。入印度。見有名之恆河與印度河。不勝驚喜。過望曰。有如此二大河流。足建一大國而有餘矣。遂散棲於此兩河之流域。相爲孳乳。蓋無智蒙昧之原人。初未知耕牧之道。僅取自然長成之動植物以爲食品。故其爭先郡集此地者。亦足見此地從古具天然之富也。其開化遠在各國之先。良有以歟。然而各種人自西北方侵入以來。一傳再傳。即漸失其特別之精神。則又何也。蓋亦由於地方之溫度過高。而土過肥沃。人民定居之後。即由安逸而流於奢華。由奢華而流於文弱。由文弱而流於驕惰。所謂沃土之民不才歟。余聞德國之博士阿爾騰勃爾者。留學於印度數年。專研究印度歷史。而著爲論說曰。印度爲炎熱之邦。禾稼之蕃殖。全世界中殆無其比。因此人民之欲望易給。無意他求。然其人民之精神氣象。爲炎熱所制。偸惰苟安。不知向於他邦講求交際對待之方畧。故毫無堅固忍耐之性。其國力亦萎縮而不能伸暢。其文明雖一時蔚然發生光彩。而其精神倏焉消滅。亦即此原因云。此足以證前之說矣。

第三節　印度之民族上關係

合數民族而居一國。其初雖有吸收化合之力。其終必生分崩離析之漸。而況種姓不同階級各異積弱之來蓋有由矣當亞細亞人之侵入於印度也驅逐黑人種而殺戮之或隷屬之遂占居於恆河與印度之水涯其中恆河與茹牟那河相合流之處又有盎格厤加達等人種來侵更進入東印度此後他邦之人種益有侵入印度之思想而阿利安人種於此時結合大羣橫溢而來侵入印度河邊之槃若普以最强大之勢力最新穎之文明壓倒內地之土人而感化之未幾印度之全地過半爲其所奪是爲溫都人種繁殖之始基迨後蔓延印度全土與其土人雜婚其風俗習慣隨之混淆遂漸失阿利人種之氣象精神而別成一種特殊之阿利安人種此實印度人種本爲阿利安人種而不如他之阿利安人種有進取活潑之氣象文化之發達亦半輟於中途之所以也然其初本恐與土人混交因以婆羅門教義立階級法分別四種姓其一曰婆羅門最淸貴此類人自云我本始祖從梵天口生故取梵天爲姓世世相傳學四韋陀論皆博學多才或爲王者師或爲祭師凡有坐席不與餘三姓同行自外雜類更宜遠避其二曰刹利從天神之臍而生有日種月種兩族世掌印度之政治及兵事者也其三曰吠舍從天神之脇而生此種人多從事於農

商。或爲醫師訟師。其四曰首陀羅。從天神之脚而生。專業畜牧及傭工。此外尙有數族。其中以帕利司族爲最賤。人稱之曰旃陀羅。以鞋工皮匠等爲業。在印度殆不齒於人類。幷禁其受教育。要之設此種階級者。原爲防止與他族結婚之漸。在印度語曰Varana即階級二字。中含色字之義。又其階級規條中。禁止與他之階級結婚一條。最爲重要。足以證也。然以階級故。而國民之統一力因之而大害。故一旦遇外族來侵。遂失其團結抵抗之具。坐使國日殘破而已。

第四節　他族之侵入頻繁

凡一舊國而被數種族之蹂躪。其國民之元氣。已非百年不復。若再經他族之入居。或奉其王朝。或受其轄制。則後雖回復獨立。亦終難以自振。吁可畏哉。如意大利如埃及。皆其已事也。噫嘻傷哉。東方之老大帝國。其運命至於今日者。吾復何言。吾復何言。印度當紀元前五百十八年之頃。波斯王大流士者。首侵略印度。併有印度河岸之地。收其租稅。嗣後（在大流士戰役後百八十四年）希臘之馬基頓王亞歷山大。率精兵十二萬。入於東方。由亞特渡印度河。略取印度之地。諸國兵皆敗。僅存摩竭陀國。猶欲攻之。會兵士皆倦戰。遂班師渡印度河。凱旋於波斯。其後四年。亞歷山大崩。其勇將塞留哥斯獲巴比倫及印度之侵地占領之。當時摩竭陀國王被其大臣所弑。另立芼利耶朝。傳三世亡。珊伽朝代之。其時拔德德里亞人屢屢侵入北印度。珊伽朝傳十世亡。安度羅朝代之。此時北方之種族。來寇印度之西部。終占居其地。其後又有耶婆那人者。從海上突進。略取孟加拉西南之痾利沙地。至紀元六百二十二年。亞剌伯回教勃興。以刀劍爲宏教之具。遂大擴版圖。於九百七十七年。回教之勇將士武克士壬。從阿富汗之祇壽尼。進侵槃若普之地。於各處建立回教堂。多掠財寶而去。其後槃若普之王與挑戰。復爲所敗。每歲納貢賦焉。及士武克士壬卒。其長子馬毛多領其地。馬毛多者。勇敢有武略。復舉兵入槃若普。擒拉保爾王塞巴爾。尋與立約。歲納貢賦。釋之歸。而還其侵地。後因羅侍布土王背約。復取羅侍布土及牟爾丹之地。又伐塞巴爾。塞巴爾求援兵於印度諸國。諸國王合縱禦之。終爲所敗。遂連年征服各土。毀其偶像。掠其珠寶。印度民族。遂折而爲摩哈末臣僕。至千二百九十八年。撒馬爾罕帝帖木兒。又募九萬二千之兵。大舉征印度。轉戰無前。所過殘破。終拔特里城。屠戮降四十萬。至是印度復爲蒙古人所有。未幾。聞巴牙屑之兵。侵入其國境。即退去使羅保爾之總督幾儒爾代鎮其地。至千四百七十八年。幾儒爾之後裔。又將其國傳於阿富汗人毘路利路提。至三世。暴虐過甚。威勢大衰。國內謀獨立者踵相接。於是槃若普之總督度剌路提者。至哈布爾見帖木兒之五世孫巴卑爾。請共入印度。鎮定國家。與帖木兒帝國。巴卑爾得此機會。復進入印度。會國內有他故。屢進屢退。度剌路提至是亦中悔。反抗之。然印度人多密通欵於巴卑爾者。巴卑爾乃復大舉襲特里。激戰之後。終陷之。遂即印度帝位。建設莫臥爾朝。五年之間。平定全國。勢威大振。而印度之王侯。欲驅逐回教徒。謀獨立之心未已也。乘帝之崩。國內又大亂。是時葡萄牙人已在南印度通商。瞿侍拉士之王。婆皤度爾。大養兵力。思圖恢復。遂借葡萄牙人之砲銃。以與帝弗馬暗戰。帝雖敗績。而其勇將舍爾。阿富汗人也。乘間併吞婆皤爾之地。攻孟加拉。勢張甚。帝一再征之。均爲所敗。僅以身免。遂與其二弟。共歸亞瞿羅。集財寶。奔槃若普。舍爾遂稱王。立阿富汗朝。其後弗馬暗。借波斯之騎兵一萬四千。襲干達巴爾。取哈布爾。悉平定阿富汗領地。於是復率騎兵一萬五千。侵入印度。會舍爾已卒。印度王侯。復蜂起相攻。弗馬暗乘機突進。終顛覆阿富汗朝。再興莫臥爾朝。未幾帝崩。子亞克婆爾嗣。施善政。行改革。登庸印度人。使與回教徒共立區要之地。以收服人心。然至帝崩後。諸子爭位互攻。王侯各圖自立。紛紛借寇兵。齎盜糧。彼活眼剛膽之白皙人種。遂覷破此中秘藏。乘民族主義膨脹之風潮。席卷長驅。不出數年。囊括印度全國。以養成西力東漸之大勢。抑何其經略之易而奏績之偉也。嗚呼。使印度人民不先失其特殊之精神。則他族不能侵入。他族不能侵入。則國民必能保其相互一致。巍巍印度大帝國。至今猶雄長於東亞可也。彼白人雖强悍狡黠。又何從覬覦而攫取之哉。

各國內情

俄人之性質

飛生

譯者曰吾熟聞之矣『知己知彼』嗚呼何吾中國人乃幷此言而忘之也吾又熟聞之矣『天下之大患在俄』嗚呼何乃幷此言而又忘之也吾旣草東亞新政策一篇以爲吾國民告雖然外交者內治之膨脹力而內治者則國民性質之回光也吾中國昔日一物無所見挾其茫然之概以與他人接夫亦何怪其敗也敗矣其亦可以醒矣其亦可以詳求彼族之情形而自念矣而茫然者仍如故嗚呼其無人心也哉夫政府貴忙或不暇從事于此吾儕國民而欲審敵自鏡講其所以處之之道是可已也孰不可已也是篇原稿爲英人赫威克所著其理想深入其觀察微密赫威克者英之少年新聞記者精通俄德文學當

世之卓卓有名者也。余雖不能挾糧走萬里。以一攷其情事。然讀此篇蓋恍若遊其地而接其人。用譯述其意。以紹介于我同志焉。

本門原擬草海陸二大強國一篇以問世。以迫于日、而調查參攷書、尙未齊集、故先譯此原作請俟下期、讀者諒焉、

吾自聞外交家之議論。讀無政府黨之著書。觀新聞雜誌統計之種種事業。而心目中有一俄羅斯焉。若曰俄羅斯者若何若何。及一旦入其境。直接其人民。觀察其天然景物。而遽然驚。而恍然悟。嘻。吾昔時心目中之俄羅斯。蓋不如是不如是。吾是以知世之論俄者。非偏于一則失于誇。非出于謬。斷出于奇。是皆不足信也。俄大國也。欲察其人民之特性。蓋決非易易。吾今自種々方面上普事觀察。而一一條論之。

其一天然之觀察點及俄人之美感。余一入俄境。而矍然起意外之感。其第一則風景是已。世之論者以爲俄土者則惟是荒荒草原也。鬱鬱森林也。必其不美觀不愉快也。而孰知斯言也。蓋未知其眞相而妄爲懸揣者也。余自瓦沙（波蘭舊都）至墨斯科。俯仰其天地河流涓涓樹枝垂垂皆現銀色時泛舟筏順流而上淡煙落霞中茅屋點點散在各處葵花之下農夫刈草時有森林叢叢一望至百里人羣之處

高塔淩雲余乃深嘆其天然之美而益知俄人性質蓋誠有未易測者在矣以俄國之風景而未得紹介于世界斯亦可爲不思議矣雖然蓋有由也俄人未自知其風景之美也余常至墨斯科之美術舘見其名畫種種或爲勇壯從軍圖或爲殘忍慘殺圖而無一及俄人天然之美者蓋俄人者少年之人種其美感之程度尚淺故于多情感或奇絕怪絕之刺激的現象則好之而于自國高雅之美感蓋未之動也

以俄人爲不解自由而好爭亂則亦未知其生活狀態之言也彼決非有奴隸根性而好暴亂者彼之精神雖非快活的而頗富精力彼之容貌風彩雖甚粗野而正直義務之觀念甚强其體魄健其精神樸誠哉其少年人種也

俄人忍耐力甚强而有陰鬱氣然遇來復則彼之精神頓一變歡嬉懽樂歌舞踊蹈彼平生亞細亞的性情一變而爲歐洲的雖然彼終小兒也彼之歡樂亦如小兒彼生活之種種方面雖未如西歐人之發達而其思想其快樂其精神皆于將來有大發達之性質故曰幼兒者俄人之特色也

其二　人種上之觀察點及民族之自覺心　俄人人種問題不惟外人論之即俄亦自論之夫以俄人之種類之複雜有若所謂大俄羅斯、小俄羅斯、白俄羅斯有若所謂西西安史老扶韃靼、芬蘭諸人種者其紛爭之莫決也宜也雖然最近十年來以俄國人類學者之苦心研究則歐洲東北部之人種問題殆將解決蓋太古俄人實爲長頭人種俄也歐也皆爲同一人種所棲住自石器時代終進而爲有歷史之時代則以亞細亞人移住故而人類之大變動起廣頭人種以如潮之勢移植于歐洲遂占有俄羅斯一大平原之全土而與昔時之人種淆此則俄羅斯人種之所由來也廣頭人種更越而進及亞喇伯司山附近及其高地其他則似爲長頭人種所驅逐故西歐之大分則長頭人種占之亞細亞之大分則廣頭人種占之而俄羅斯者實關鍵二大種之新人種也故自歐人視之則爲亞族自亞人視之則爲歐族要之則歐亞混合之雜種而已

一國土地而過廣大則國民民族的自覺心發達必甚遲而活動力必甚緩慢此歐人進化所以先于亞支那近世所以改革甚難而日本之進化所以速于支那也俄

人亦如之吾以與匈牙利比較其說尤顯俄匈之活動力蓋相差遠甚蓋匈則地小其感動靈一被迫于外族則其自覺心勃然興起吾視匈人其目炯炯其行汲汲其運動敏活而靈變若俄人則有若半醒不醒者夫以人種地理言之俄匈鄰也而其差乃若是得毋以國土之大小不同而民族的自覺心乃發達有遲早歟雖然俄人者終有大醒之一日俄人者幼兒也

文學上之觀察及其女性　俄人文學之特色則眞率是也若以小說與英人較其尤著矣英之小說家以表白其一己之意見發散其鬱勃之精神者也雖輟之以美文而著者靈魂之眞相蓋未嘗現俄人則不然放曠而眞率且不惟傾作者之眞情而活現之即其描社會人物之眞相亦出之以忠實蓋于是中可知其精力可得其情可見其天性可見其誠意眞率之所在可得其強點並可得其弱點試一讀諸大家之小說則其貴族農民罪人狂人之眞相皆于是乎現有謀社會改造者有反對者有冷視者有崇拜東洋者有熱心西洋者有尊敬已國者雖紛然雜然而皆出之眞實蓋俄人文學之性質實與英國婦人之文學類

俄人之小說尤有一特色在則寫人情是也無論若何之名文苟非寫人情者則不能見重于其社會俄人所崇拜者所神聖者人情也慘酷可也卑猥可也猛惡可也可憐亦可也而惟以能表顯人情者爲最美故俄之小說家貴人情于法律宗教道德聖人之心事姦婦之心情顚狂之心狀盡所有而摹其眞則其所汲汲從事者也」

俄人有女性前僅以文學言之耳其實于種種方面上皆得發現之夫感情勃然而起則眞欲實行之實行之而不得則一變而成陰鬱症此女子之通性而亦俄人之通性也法之歷史家有言曰自法以北之民族蓋雜女子性于女性國民中故婦女獨得立顯著之地位吾證之實際而益信俄人之大科學家多婦人大文學者多婦人乃至政治上之運動虛無黨之運動宗教上之運動皆多婦人蓋俄人之性質實女性也嘻奇矣

其三　進化階級上之觀察及其內部之淘汰　凡人類之進步可分三大級始而粗豪繼而野蠻終而文明是有識者所同認也雖然其不按階級而進而自始至終周旋于一階級內者有之矣法蘭西者文明人種之標本也自其歷史之初現即重

視禮節制情慾貴正義發揮其聰明伶利之天性迄于今未有已西班牙者粗豪人種之模型也制欲至極端激昂至極端貧樂而忘實利爲虛名而不辭苦痛蓋蒙昧粗豪人種特色之最進步者也若立于粗豪文明之間之野蠻性則俄人其備之矣即其代表者言之衣文也俄帝 大彼得也加塞利也俄女帝 皆已脫粗豪人種之特質而未至于文明之偉人也故華麗而又粗放眞率而有優情多情而復殘忍是皆野蠻人之特性而亦即俄人之特性也

俄人之疾病甚多自精神下至于肉體讀俄人統計之報告可知也其傳染病亦甚烈或以爲不潔致之而俄人實非不潔者也其原因何在則自然陶汰是蓋天行之自然力實能進民族而改良之使趨于堅實壯健雖然其經歷有先後其勢力有強弱俄人方値其強則其一羣中之弱分子自不得不日趨于少悲觀者以爲是俄人之不幸而不知是實造大國民之不可避之階級也

（未完）

俄人之東亞新政策

飛生

有政治上之競爭有經濟上之競爭政治上之競爭者何奪其土地亡其主權奴其人民其為禍也政府受之國民受之經濟上之競爭者何吸其膏血瘵其精神乃足使全國之人无復噍類而政府可以如故土地可以如故故其為禍也國民受之政府不受之嗚呼自今以往列強之侵略中國政策蓋已不在政治上而在經濟上矣而經濟上之競爭其禍乃更毒于政治上何以故譬之是猶人也朝割其一手夕割其一足其人必痛而其警醒也易而其反抗之力大而其人猶可以復生也若舉全身之精血而吸之其猶茫然皇然莫知其由未幾乃病瘵以死矣此言其術也若夫于政治上則未有經濟上之權既占而政治上之權乃能讓于人者也蓋其資本所在之地即為其政治能力所到之地徵之于近代歷歷有明徵也嗚呼銳哉列強之

外交手段也嗚呼鈍哉我國民對外之眼光也殆所謂將死而不知其病也耶吾爲此懼

雖然彼其侵略主義之改變蓋有二大原因其一曰關係于世界之風潮其一曰關係于中國之內力所謂關係于世界之風潮者何也蓋自立憲政治之確立人民之幸福日益增進于政治界上无重大之問題于是舉國民之心思才力一歸之于實業而工商業日益發達矣是其來也英美倡之于先而大收其効于是德意志繼之而商工之政策之風潮風靡全歐矣此迫于世界之大勢而不得不急轉其機者一也所謂關係于中國之內力者何也曰義和團之反抗力是也甲午一役列强知中國之无能爲于是種種野心起及夫庚子難作而彼乃深悔其昔日之政策蓋不足以亡人矣夫以數千年閉關自傲之民族一旦强之以服從于風俗不同言語不同宗教不同之異族下雖有仁聖大哲其不能相安于無事也必矣則民間之感情背東索一市西要一港夫强借一兒童所有之物兒童猶且惡之而况于一政府則政府之感情悖矣幸庚子之役而中國政府之能力已薄弱之極故不半年而遂息耳

若稍能持久而列强之禍又何可料也若是則彼又安得不急變其政策以善其後也此又一也

若是諸君以爲今日之所可慮者英耳美耳德耳日耳若俄則向之所謂執土地侵略主義者也且其商工政又不如英美也且其內政又非立憲而君民之爭又未亡也況乎日英同盟則其拒俄之意明矣故俄欲蠶食東方而英日扼之吾姑利用其猜忌之心偸一日之安焉可也嗚呼天下之鈍且愚未有如中國人之外交眼光者也天下之淺且薄未有如中國人之外交智識者也嗚呼吾知可薩克之殖民地將包山東直隸而有之而黑龍江黃河之水將全赤而我國民且將望北九叩首以大呼順民也諸君以爲吾徒爲此以駭人乎請少安聽吾說

二　俄人外交之特性

欲知俄人今日之東方政策不可不知俄人外交之特性其特性奈何曰陰曰耐曰柔抑吾聞之史老扶人種者其于時爲幼稚其于性爲女子其于文明爲半歐半亞彼其外交手段殆由彼國民之特性所發與此亦可謂外交界中一奇聞矣嗟乎以

其善陰善耐善柔之政策以與我冥頑不靈之中國人遇茫茫大陸吾又安知涕之何從哉

◎何爲陰陰之爲義也復有二曰善伺善乘一曰善避彼之能散重金以啗中國之近侍也彼之能善與中國人結密約也彼蓋善伺中國人之隱情而利用之也而其乘之也又甚捷一機之來往往人未及思而彼已布置停當者于西伯利亞于巴幹半島皆是也而其術之巧者乃能于神鬼不覺之際利用其手段務避人之所注目而乘人之所不覺則善避之謂也夫俄之蓄野心也人誰不知之彼得之遺訓路易設之地圖歐人其熟慮之矣即我中國所謂『大患在俄』之說亦發于數百年前人人能言之然則稍有其擧動列强之注目之者其無不至也必矣若以尋常之外交家處之蓋動輒得咎矣雖然彼有陰之一術也天津之役英法聯軍以迫我英也法也中國也其互相注目也彼乃乘之以取東三省以北之地矣庚子之役列强之注目者北京也而彼又乘之以入東三省矣及和議既成東三省之問題起世界耳目一動而彼又逃而入巴幹半島矣又逃而問西藏矣東爭則西來西爭則東出自有

國際以來其神妙之手段未有如俄人者也

耐者彼外交政略成功之大原因也皇帝可以死大臣可以易而所謂統一大帝國者而終歷數百年而不變夫西伯利亞之荒寒寂莫而彼乃取而經營之三十年以前夫孰知有今日也而今乃至于是噫其氣魄之雄偉吾人不得不瞿然驚也而非善耐何能至是吾于是知彼之善乘間者蓋有由也彼之精神甚强其注意于一物也始終不懈故能有間必乘無微不入夫俄人之外交未必動輙得利也克利米亞之役事將成而厄于英尼布楚之條約地旣占而歸于我自彼得大帝以來其外交政策之頓挫大小不下數十次而彼終能堅定持久百折不撓而遂以成今日猛虎在山百獸震恐之勢嗚呼天下固未有偉大事業而不經頓挫者也是在國民之堅定力矣雖然而又烏能使余一日安也

若夫柔則天下之最善于用柔者未有如俄人者也彼深知欲奴隷人則不可不用懷柔政策而乃欲先立權威故始必以極慘之殺戮臨之先使其神魂憔悴肝膽破裂夫然後顧之煦之于是愛戴之聲乃嘖嘖于口矣此殺于先而柔于後者也更又

有殺此以警彼者則又一策也嗚呼彼與他人之歷史吾姑勿論則就以近事論之前年滿洲之被殺于俄人者以數萬計及今則又散二萬「露勃」于滿洲而東三省一帶其愛戴俄人之心又不絕于道幾乎有東面而征西夷怨之概吾又聞西藏之活佛以俄羅斯皇帝爲最親愛之朋友矣嗚呼吾聞俄人之言曰支那人必俄羅斯乃能統治之嗚呼吾心戰

欲知俄羅斯之外交情事猶有不可不知者一事則外交之關繫于軍人者是也各國之外交任之者則外交官也而俄人則外交官任其半軍人任其半蓋俄人之所謂帝國主義者軍人社會爲其主動力俄國之軍人最長謀略最有敏腕最富于外交智識而又侵略之野心勃勃如燃火故其守邊之戍兵常沉機以待變一有事則奮起直追一往无前蓋軍人社會之功名心實俄人蠶食世界之主動力也

就俄人外交全體論之則有二方面其一則東歐一則東亞是也雖然又有特奇之一事則兩方面之主動力是已東歐方面之外交民族主義爲之本所謂史老扶統一主義是也故歐人謂二十世紀中俄奧不並强于世界何以故蓋奧人之小半皆

史老扶人種故而其尤著者則土耳其之種種政策是也東亞之方面則民族帝國主義爲之本今日滿州之經濟政策西伯利亞之殖民事業皆是膨脹之結果也夫同一民族不能分屬于異族之下務統一獨立以求自治則民族主義之謂也內力既充則膨脹于外則民族帝國主義之謂也其後先次序之不可相凌躐也明矣而俄人乃並一爐而治之東方執一策西方執一策故歐人常謂世界之國之奇未有如俄羅斯者也誠然哉誠然哉

三　俄人之東亞政策

夫大勢之日趨于變也既如彼而俄人之慧眼也又如此然則彼之變計蓋無可疑矣蓋無可疑矣其變計奈何一言以蔽之曰易其政治之侵畧而爲經濟之侵略而已吾今欲窮究其情狀以爲吾國民告則不得不分數節詳言之

甲　俄人之商工政及威得大臣之建策

嘻天下之鈍且愚未有如中國人之外交眼光者也凡于極東發一事列國無不張目疾視朝野沸騰而我中國若無睹焉去年十月中有俄羅斯威得其人者巡視西

伯利亞及滿洲旅順各路。而日本之駐清公使內田氏。亦于十一月歸國。吾不知我四萬萬人中其知此事而能記憶之者有幾人也。嗚呼而不知是區區者實于中國之死生存亡有絕大關繫在也。威得者俄之大藏戶部大臣也。其巡視東亞也蓋其經濟政策發動決意也。日使之歸國也蓋亦以對清政策之當一變也。夫日人之所謀吾勿敢知。茲請即以威得之所謀與夫俄人昔日之經營者言之

俄人之注意于經濟侵略也。固不自今日始。而今日特其宗旨決定之時期耳。蓋自甲午戰爭以來。俄人之勢力日擴于中國之西北部而延及朝鮮。自其表面視之。則若政治上也。軍事上也。而不知其根本之所在乃皆列于商工政。蓋彼自得鐵路之布設權及旅順大連之永借權以還。乃利用此而汲汲經營之。其勢力遂得根據而東華輪船公司及中俄銀行乃以半官半民之資格擴張其勢力于中國各地。嗚呼彼業之所及即其勢力之所及也。而亦即其政權之所及也。其韜晦之手段誠狡矣哉。

謂俄人拙于商工政。此又知其昔而不知其近者也。去歲有自北清及海參威歸者。

皆言東華輪船公司之發達滔滔之松花江已無中國之帆影輪聲其翩翩來往者皆俄人矣而自南清歸來者皆言中俄銀行之發達其支店已遍設于各處夫當威得之創立中俄銀行也固不惟外人疑其不成即俄政府亦有疑之者而今乃卒至于是則俄人之非拙于商業可知而東華鐵道之建設大連港之築港及開埠皆絕大工事也而不數年卒以告終則其非拙于工業又可知此言其國民之內力也若夫威得之建策則尤有可驚者日人曾屢言之吾今節錄數端如下。

一擴張中俄銀行之營業範圍凡北清之官辦事業皆得補給其資費。

一凡吉林黑龍江二處之開礦事業皆爲中俄之共同之事業其資本則由中俄銀行支領。

一自北京至張家口之鐵路以千九百〇九年爲限皆當竣工是亦爲中俄之協同事業其工費由中俄協商定之。

一東淸鐵路之乘車費自俄曆千九百六年十二月一日起凡中國人及中國貨物皆得減費十分之三。

國民乎國民乎以爲是落落數條者庸何傷庸何傷而不知禍乃不可思議也而況上所舉者特其一斑耳吾今即就其淺者言之夫一國之有交通機關也猶人之有脈絡也交通機關已握于人則世未有其脈絡已斷而其人尙能自存者也一國之有財政機關也猶人之有精血也財政機關已握于人則天下斷未有精血已瘵而其人尙能自存者也彼之建此策也蓋竊欲謀我之財政交通兩機關而占據之者也此就政治言之也若夫自經濟上言之則二十世紀中苟得立于經濟界者則其國興苟弱于經濟界者則其國亡夫西比利亞本荒寒之土也使苟其興也則彼之雄于經濟界必矣故其減乘車費以招徠中國人也蓋欲自振其市場也彼能賤之彼能貴之而烏知小利在目前而大禍乃隨其後也嗚呼目極寥天斯人未悟哀生民其憔悴呼天帝兮無言愼毋使後之身受其禍者乃讀此文而流涕也　未完

浙江同鄉會簡章

第一章　定名

是會爲吾浙留學生及官紳之游歷或寄居日本者所組織故曰浙江同鄉會

第二章　宗旨

以篤厚鄉誼爲主

第三章　義務

（甲）　對待會內之義務

一凡會友有疾病事本會有救助之義務

一凡會友有無故爲人毀損名譽事本會有力爭之義務

一凡會友於私德上有關礙公共名譽事本會有勸戒之義務

一凡會友有困難事須得公同扶翊者可由本人或同人報告幹事經幹事酌度事宜開臨時會集議視力所能爲竭力贊助

一鄉人初到海外者除會館例應招待外本會更盡招待之義務

（乙）　對待會外之義務

一本會對待內地有輸進文明之義務

一本會對待會外之同國人有互相聯絡互相親愛之義務

第四章　事業

一本會出雜誌一種每月一回發行（雜誌另有專章）

一本會設調查部專調查浙省事宜（調査另專章）

第五章　職員

本會設幹事員七人分掌各項事務

本會幹事員及責任表

幹事	員數	責任
庶務	三	一切庶務兼料儀
書記	一	紀事及一切往來信件
會計	一	銀錢收支並豫算一切用費
雜誌	一	總理雜誌事宜
調查	一	總理調查事宜

另設評議員參看第六章第二條

第六章　經費

一常年捐　會員每年輸常年捐銀三圓六角按月分收以充一切公費其冬夏兩次懇親會席料仍臨時籌集

一特別捐　本會因有雜誌調查等事業招待救助等義務必須寬籌經費方足敷用望海內外士夫樂助捐金

當儲蓄妥實銀行以期推廣其捐數在十圓以上者本會公推爲贊助員五十圓以上者爲名譽贊成員百圓以上者爲本會評議員并將姓氏爵里隨時謹登雜誌(評議員當本會開會集議時有提議及修補章程之權)

一墊欵　是欵專備雜誌用先由各會友籌墊俟雜誌消行後力能支持視其墊數之多寡按期陸續派還

一會中收捐事宜由各校自行公舉一人管理統於月終收齊彙交會計(不入校者逕交會計)逾期不繳會計有催索之權特別捐當隨捐隨繳或定期分繳亦可

一雜誌用費浩大遇有支絀時許支用會中存欵

一雜誌部獲有贏餘除提還墊欵外即爲會中公積

一本會一切支拂預金閲半年由會計報告一次即登本會雜誌中

第七章　會期

一本會每冬夏二季各開懇親會一次會所及日期由幹事報告下二條同

一本會每春秋二季各開茶話會一次

一本會有特別事由許開臨時會集議參看第三章甲之四

第八章　規則

(甲)　開會規則

一凡開會前三日由書記報告同人不得無故不到遇有疾病及回國或游歷等情須先時函告書記開會時由書記將會員姓氏榜示會所

一開會次序首由職員申說開會緣由次演說次提議

一凡演說員須將演說大旨留稿交書記錄存

一開會閉會時間久暫由職員臨時酌定

一凡開會閉會時間既經酌定後各會員不得逾時不到亦不得先時出席

(乙)　議事規則

一本會舉人決事均經公共集議參用投票舉手之法以多數爲準

一凡議一事須俟提出者及反對者各將已意表明然後公決是非既經多數決定後不得再以前事爭執

一凡演說及議事時不得雜沓諠譁

(丙)　辦事規則

一凡辦事人員既經公舉委以各事其各事之範圍內均聽其人自由處置有直行開辦之權

一凡辦事人員既經擔任各事不得放棄責任遇有疾病及回國或游歷等情許其臨時囑託代理期內一切責任仍由本人擔當

一各會員如有以辦事人所辦之事爲不滿意儘可函知其人或於開會時提出公議惟不得於會外訾議是非

附則

以上各條本會員須各遵守俟會事擴充於此章有未盡合宜處臨時修改列入

壬寅冬十月本會同人公擬

記事

內國近事

東三省撤兵問題

自中俄兩國旣調印滿洲撤兵條約後。向來注意於該問題之英日政府。皆謂俄人旣允撤去滿洲之兵。從此東三省可得暫保安全。乃近觀俄國調集滿洲內地之兵。屯駐於鐵道各線路。而撤兵之約。幾至空存其名。俄人藉口於保護鐵路。反以强大之兵力盤據中國北方之要害地。其勢力已日見增加。他日若遇戰爭之事。俄人之調集兵役。必能愈見便利云。

俄國新艦隊之巡行

俄羅斯近以保護黑龍江及烏蘇里之航路爲名。將兵艦二十五艘。新編成一小艦隊。巡行滿洲之沿岸。故一旦遇有戰事。必得迅速調集其海軍。

滿洲稅關問題

俄國擬沿滿洲鐵道各線路。設置稅關。先於達爾尼（譯音）地方首行剏辦。並擬派遣稅務司一員。以管理各項稅則。一切事權。皆不歸總稅務司管轄。現總稅務司赫德君。竭力唱反對之意見。然聞交還鐵路之約內。實已預附此條。俄人此次之計畫本係有挾而來。中國政府頗有不能拒絕之勢。

要索紛來

交還天津及關內外鐵路諸問題。既見着落。於是中國問題。似漸入安全之境。然近來各國要求開鑿礦山敷設鐵道之權。又覺紛至沓來。最初俄國之署理黑龍江將軍。受黑龍江總督之命。力向中國政府要索東三省之礦山採掘權。既得中國政府之允許。即訂立條約。建設公司五所。專事經營。法國亦相繼而起。向政府要求邵武地方之煤礦開掘權。比利時要求四川之鐵道敷設權。政府亦不敢決意拒絕。至四川十六縣之煤油煤炭礦之開鑿權。已於去年末。承政府許與英國某公司開辦。此外如德美日本之經營。及意大利之要索租借港灣。無不相逼而來。政府既大度包容。有求必應。數年以後。中國之富源及一切交通機關。將全屬於外人之手矣。眞割肉食虎之慈悲菩薩哉。

日本對中國之企畫

去年末駐劄北京之日本內田公使歸國之際。日政府詢以中日交涉。當以何者爲重大之問題。內田氏曰。支那之鐵路權。盡入西人之掌握。日本若不急索福建鐵路。恐不能與歐洲列國爭競支那交通各權。惟日本獨少。今日支那倚我甚重。若要索鐵路。必能如願。將來敷設之時。福建全省作爲幹路。其支路一由福建沿閩江入江西。經撫州南昌。以達九江。一由建甯經蒲城入浙江。沿錢塘江而至杭州。一由福建泉州至廈門連絡沿海諸府。如此經營。將來日本於支那南部。必能增進勢力云云。後聞此事由日本外務大臣。咨詢駐劄北京使館中之某參贊。並聞其參謀妥洽後。即當向中國外務部要求云。

中州鐵路近聞

河南懷慶府至山西澤州之鐵路。已由福公司總辦哲美森君派工程師前往查勘。並聞春間當着手開辦。本年即可竣工。

西陵鐵道工事

中國鐵路之敷設權。概爲外人所掌握。中西各報中。幾於無日不論及之。不謂近竟有不動聲色。於咄嗟間成一完全主權之鐵軌者。斯亦僅矣。聞 兩宮因計謁 陵之便。自皇宮至西陵。新築一鐵道。近已告竣。所經過各鎮之線路。皆蓋造兵營。每處駐紮袁世凱部下之兵千五百名。以保護之。

恢復海軍近聞

中國海軍自甲午戰爭以後。既已一蹶不振。前聞直督袁世凱計畫恢復北洋艦隊。其豫算第一期之造艦費。共千五百萬兩。近聞已經批准。並派出水師提督姜桂題使準備一切云。

通商總查局之設立

聞直督袁世凱之計畫。將設立一通商總查局。以冀發達中國之商務。日前曾將其意見電商總督張之洞。茲揭其大要如下。(一)在北京設立一通商總查局。調查各通商口岸進出口貨之數量與金額之比較。並講求獎勵糾正之法。以期發達商務。(二)準備擴充海軍。以期保護對外貿易之事業。其經費由沿海各省分担。並使增收煙酒各稅。(三)派遣貿易視察官赴歐美日本各重要之通商口岸。考察彼此貿易之消長物產需要之狀況。隨時詳細報告以期增進貿易事業。(四)各省設立商業學堂授實習之教育於從事商業者之子弟。

商部消息

載振貝子條奏設立商部之摺。早經外務部與政務處請旨依議。後聞有某疆臣於召見時。曾面奏云。現既有商務大臣。不必更立專部。致多耗費。刻下商務無多。即由臣等兼辦足矣。故近日都中設立商部之議已寢。

江西官立銀行之成立

江西省今回擬設官立銀行。資本金共八十萬兩。由江西布政司飭厘金局籌撥。其本店設立在南昌府。而九江、漢口、上海、鎭江、各處。亦皆分設支店。聞民間之信用尙厚。故發行一千文之紙幣共百萬張。皆能視爲現金。通行於市。

償金問題之結果

中國政府每年分解各國之賠償金。每當交付之期。各國故意高擡金磅之價。致暗中受虧甚巨。政府對此問題。曾屢討議。並懇求各國以後收受銀貨。不必輾轉折兌。致多折耗。聞美國政府首先允諾。而各國大相反對。此案由駐在北京之各國公使。已屢次會議不決。茲聞英國之提議。已允以十年爲限。準以銀貨交兌償金。然各國之不能表同意者。尙難暫允此提議云。

內河輪船之補助金

蘇申杭內河通行之日本大東輪船公司。已設立三四年。與之競爭者。向惟有甯商戴生昌一家。近年又添設數局。或定期開班。或每日航行。與大東公司齊驅並駕。然以數商之力欲與大東爭勝。頗覺危險。蓋大東公司每年曾得彼國政府之補助金。故有時大減價格。欲摧折我國商人設立之局。以肆其壟斷之術。聞去年日政府曾發給其補助金共四萬七千餘元。此外有郵船會社之南清輪船。每年共補助五萬元。均由遞信省給發。若遇事變之際。政府得使用其船員、及其船舶云。

蒙古王東游傳聞

蒙古喀喇沁王以振興蒙古。屏翰強俄。為已任。實諸王中之矯矯者也。現在北京曾與各國之公使參贊相交接。並聞擬中曆二月頃。由京出發。赴日本游歷。日政府聞此消息。以蒙古王出游海外。實屬創舉。擬特別格待。以盡主禮然外部各大臣。皆不能表同意云。

美提督之諛辭

美提督馬依爾司前謁見皇太后。時太后頻稱其在斐列賓之戰功。馬提督亦稱贊太后之功德。謂實能遠超英故女皇維多利亞之上云云。英人聞之。皆冷評其諛詞之適當。

伊國無線電信之計畫

伊大利擬在北京大沽間。設置馬爾克尼之無線電信。已將其旨申請於北京外務部。

各省人口現在數

據戶部衙門最近之調查。各省及內外蒙古、歐洲、西藏、土耳斯坦之現在人口數。列表如左。

省名	人口數
直隸	二〇、九三七、〇〇〇
山東	二八、二四七、〇〇〇
山西	一二、二〇〇、四五六
河南	三五、三一六、八二五
江蘇	一三、九八〇、二三五
安徽	二三、六七二、三一四
江西	二六、五三二、一二五
浙江	一一、五八〇、六九二
福建	二二、八七六、五四〇
湖北	三五、二八〇、六八五
湖南	二一、一六九、六七三
甘肅	一〇、三八五、三七六

陝西	八、四五〇、一八二
四川	六八、七二四、八九〇
廣東	三一、八六五、二五一
廣西	五、一四二、三三〇
貴州	七、六五〇、二八二
雲南	一二、七二一、五七〇
滿州	八、五〇〇、〇〇〇
蒙古	二、五八〇、〇〇〇
西藏	六、四三〇、〇〇〇
土耳斯坦	一、二〇〇、〇〇〇
總計	四二六、四四七、三二五

俄國設置稅關之要求

俄國擬在達爾尼港設置稅關。屢向中國政府要求。英日兩國頗多抗議。於是政府決意謝絕俄人之要求。然駐劄北京之俄公使。謂英日居第三國之地位。於國際法上。實認爲無抑制的効力。中國政府唯圖切己之利益。以解決之。不必因此而生顧慮。俄人又將該提案。嗾使盛京將軍增祺向政府斡旋。以圖償其所欲。並聞俄人提出該問題。向政府要求者。實不僅達爾尼一港。玆揭載其條目如下。（一）以增進清俄兩國之通商事業爲目的。清廷當認俄國在達爾尼、奉天、哈爾賓、哈勃爾加、及張家口等處設置稅關。（二）前記各關之稅關長。當任用俄人。（三）新稅關設置後。凡清國輸出入物品之稅率。當格外低廉。俾得特別之便宜。

伊國之經營浙礦

伊大利人愛羅加巴氏。近借貸道泰公司資本金六百五十萬兩。以經營浙江省温州、處州、嚴州、衢州、各礦山之採掘事宜。

德國經營膠州灣費

德國自佔據膠州灣後。旦夕經營。不遺餘力。玆聞該國政府預算千九百三年之經營費。計總額兵五千二百八十七萬馬克。內五千二百四十二萬馬克。由本國政府補給。其餘四十萬馬克。由殖民地收入之稅。以充補之。

德國軍械之輸入

北京之議定書中。曾載以後不准以軍械輸入支那。各國當共守其約。近有德國商船裝載軍刀二千柄。密圖輸入中國。該船纔過秦王島時。偶被查出。當即扣留。據言其輸入之原由。因支那現在之兵隊。皆掛帶新式軍刀。故擬暗中輸入。以求銷售云云。然聞該軍械實係袁世凱所定購。未知確否。現總稅務司赫德君。擬求政府之訓令。再行辦理。

觀兵式之舉行

戊戌之秋。兩宮曾擬行幸天津舉行陸軍觀兵式。旋因八月之變事遂中止聞本年二月中 皇太后及 皇上將行幸西陵其歸途中在保定府附近擬重舉陸軍觀兵式並擬召集直隸、河南、山西、陜西諸省之新練兵約二萬名。調赴該地合操。已派出袁世凱爲總指揮官統率全軍。

外國近事

科侖布之排斥日本人案

坎拿大政府。以英領科侖布洲。對雇役日本人事件。所制定之炭礦條例、移民法、及其他諸種法律。已申明其不表同意之旨。

達的紐爾海峽事件

駐在君士但丁堡之英國大使。因去年九月間。有俄國水雷艇四艘通過達的紐爾海峽。爲違背國際條約。向土耳其政府抗議。並要求土政府。此後英國之軍艦。於該海峽當得同等之特權。澳意二國亦照會土政府詰問俄艦通過該海峽之事。其餘各國。尙未預聞其事。

馬撒德尼牙之改革

據俄國維蘭米半官報云。俄露斯及澳大利兩國。要求馬撒德尼牙政府之改革。其意見已能一致。所提議之改革案。（一）關於該國之各種租稅徵收及官吏將校之俸給支給使其迅速整理財政。（二）任命白耳義、荷蘭、及瑞西人爲將校以監督其憲兵隊。

德國海陸軍之預算

千九百三年之德國海陸軍預算表已於本年一月發表。計增加海軍費千八百萬馬克。而減少陸軍費五百萬馬克。

英國貿易之近狀

據英國商務院所發表千九百二年之貿易表。與前年相比較。計增加輸入稅七千萬磅。輸出稅三百五十萬磅。

美國擴張海軍之提議

據華盛頓電。美國代議院之海軍委員。近又提議添造戰鬥艦三艘。巡洋艦一艘。此案業已決定通過。

俄國對朝鮮之企圖

駐韓之俄國特命大使。近接本國政府之訓電。（一）運動韓政府派遣韓國皇太子赴聖彼德堡。訪問俄皇。（二）勸令韓政府聘用俄人阿爾克塞。爲韓皇之顧問長官。（三）要求韓國北方之電線建設權。使與俄國之電線相接連。

朝鮮皇太子東游消息

駐韓之日本林公使近亦勸令韓政府乘日本大坂府博覽會開會之期派遣皇太子游歷日本聞韓政府以俄國大使運動在前尙難決定又聞韓太子如果游日本必以加藤增雄氏爲隨行之顧問長官

檀島燒疫事件之結果

前年檀香山發生黑死病之際美人以殘酷手段燒燬中國及日本人之租界其傷心慘目之狀至不堪言喻事後由日本政府要索美政府賠償其居留民之財產損害金茲聞是案於本年一月十九號在下議院通過而上議院亦早已承認並無異議遂將其旨電達日本外務省故旅居該島之日本人不日即可收領其損害賠償金惟中國人之彼害者旣無本國政府之要求又不能得公使領事之保護故目覩日本人之收受金額仍不免向隅云

俄國工業之衰敗

俄羅斯之南部近頃於工業上大呈衰敗之象一切炭礦、鐵礦、及製造諸工廠悉行停工勞働之失業者皆陷於困窮之境其最甚者爲塞倫特市貧民結群成隊搶刼富商大家之事紛紛而起而市街中之疾病及餓死者亦充斥於道其慘狀至不堪虞目云

澳收重稅

澳大利政府現擬將進口穀物及各種製造貨物抽收重稅以維持本國之貿易事業若此案果擬決定實行將來英美兩國之商務必大有關碍也

法國貴族稱號之廢止

法國上議院中近提出貴族稱號廢止案。一時之表同意者。皆竭力運動。以期此案之决定。按法國廢止貴族之稱號。前已經過二回。一在千七百九十年時。禁止貴族之稱號。及千八百八年拿破侖第一。以皇子貴族之名。既已廢止。乃另設新貴族之稱號。後至千八百十四年。竟全復往時貴族之稱號。一在千八百四十八年。即革命初起之時。亦禁止用貴族之稱號。然至千八百五十二年時。拿破侖第三採用克德達之議。又恢復貴族之稱號。若今回之提議。果能决定通過。是爲第三回之廢止法案也。

俄德交誼

德國皇太子此次游歷俄京。非常受俄國皇太后、及諸皇族之歡迎。已將感喜之忱。電達維廉帝。並聞德太子尚擬巡訪伊大利、雅典、埃及、及君士但丁堡各地。

法國社會黨之勢力

法國社會黨約翰爾氏。已被選爲代議院之副議長。此事可證法國之社會黨。漸得占有勢力之地位。

土耳其宰相之辭職

土耳其宰相哈德巴西屢建議整頓土耳其在歐洲一部之地方行政事宜。土帝始終不能採用其言。哈氏遂决意辭職。

美國廢除石炭輸入稅

數月來美國因石炭礦夫同盟罷工。致全國需用之石炭。非常缺乏。近日雖日夜採掘。猶有供給不足之患。伊利諾斯地方。有搬運石炭之滊車。由此經過。竟被村民刼奪。現在下議院決議。限一年間。免除石炭之輸入稅。使外國之石炭。踴躍輸入。以濟其困。

非洲東北部之鐵道開通式

法國政府近決定派遣海軍一隊。臨非洲東北部之基比吉爾、與哈拉爾間之鐵道開通式。又聞阿比西尼牙王曼納利克。亦擬親臨該鐵道之開通式。

德國增設東洋外交官

德國外務省所決定之豫算。擬在朝鮮設置公使。上海增設第二副領事。西貢增設領事館。漢口、廣東、南京、各地。皆築造領事館。並改新嘉坡之領事館、爲總領事館。

英國增設外交官

英國外務省議定在俄領之海參崴。設置一貿易事務官。以期增進英國在該港之商務。

英墨移住條約之成立

英墨兩國商訂之移住條約。近已成立。凡屬英領事管轄之支那勞働者。亦得移住於墨西哥國內。

英俄於中央亞細亞之觀念

俄國維蘭米之半官報。近論英國派遣馬克麥少佐至撒斯敦、（近波斯國境、阿富汗之領土）一事。謂波斯與阿富汗之私爭。與英國毫不相涉。今英國公然出此舉動。俄人實不能閑視之也。

德國之豫算案

千九百三年德國之豫算案。近已發布。計募集公債二億二千萬馬克。使平均歲入歲出之欵項。而其附屬之覺書中。有九千五百萬馬克。以備救濟聯邦財政之困難云。

法國之豫算案

據法國豫算委員之報告。本年所募集公債四億四千萬法郎。實非必要之欵項。因節減政費三千七百五十萬法郎。儘足爲增加歲入費二千二百五十萬法郎之補助云。

日本海軍區之改定

日本之海軍區。於本年重行改定。廢去室蘭海軍區。而畫全國之海岸海面。定爲四海軍區。每區定一軍港。設鎮守府以統率之。茲揭其區畫如左。

第一海軍區　橫須賀軍港

由羽後國陸奥國界起、沿本土東海岸、及南海岸、至紀伊國南牟婁東牟婁郡界之海岸海面、並北海道之海岸海面、

第二海軍區　吳軍港

由紀伊國南牟婁郡界起、至長門國大津豐津郡界、又由筑前國遠賀宗像郡界、沿九州東海岸、至日向大

隅國界之海岸海面、及四國之海岸海面、與其內海、

第三海軍區　佐世保軍港

由筑前國遠賀宗像郡界起、沿九州西海岸及南海岸、至日向大隅國界之海岸海面、及壹岐、對馬、冲繩諸島之海岸海面、並臺灣澎湖列島之海岸海面、

第四海軍區　舞鶴軍港

由長門國大津豐浦郡界起、沿本土西海岸至羽後陸奥國界之海岸海面、及隱岐佐渡之海岸海面、

朝鮮冊立皇后之風傳

朝鮮京城內。近來喧傳宮中將冊立金鋭嚴之女爲皇后。若此計畫成立。宮中將大起波瀾。

朝鮮新借欵之運動

李溶納、李根澤、閔泳煥。近與白耳義國之領事。在索太科邸內相會。合協議借欵之事。聞此會議之結果。白耳義領事尚未允洽。

英國陸軍之評論

倫敦泰晤士報。近論英國之陸軍。謂後備兵僅在三萬以下。而陸軍之豫算。竟增加二千二百萬磅。其實陸軍之眞想。實大非南阿戰爭以前之比。其結論又曰。今日英國之陸軍制度。不過假裝局面。以欺一般之納稅者而已。

華盛頓列國會議之變動

南美委內瑞拉之事件。列國既定在美京華盛頓公開會議。駐委美公使巴温氏。即委國之代表者。抵美京後。已將解禁封鎖。爲正式談判先議條例之旨。通告列國使臣。而列國使臣。則以委內瑞拉不先提供實際之保護。決難解禁封鎖。各關係國方在交涉開始之際。不意德國之亞美利加艦隊。忽發砲向聖加爾砲臺猛擊。此事傳至華盛頓。各國之代表者。皆大驚。德國此次之輕舉妄動。實欲阻碍列國會議之進行。然據德國之艦隊司令官所發之電。則云委國砲臺。先發砲攻擊德之賓脫洛砲艦。故德艦還擊之。又聞聖加爾砲臺已被砲彈炸裂云。

英國下院議員之處刑

英國加爾維州選出之下院議員靈基氏。於南阿戰爭之際。曾有暗中援助布鷄人之跡。近受大法官阿爾巴斯敦、陪席判事維爾斯、及羌奈洛氏之訊問。認爲有悖逆之行爲。已宣告其死刑。後聞格外寬減。科以終身懲役之罪。

法國騎兵隊之廢止

近法國議會中提出之陸軍豫算報告書。擬廢止騎兵隊。而改爲騎馬步兵隊。及自行車隊。此案能否實行。須俟陸軍省之洽議。

俄法在朝鮮之新運動

俄國特派大使烏愛巴代理公使斯達因。日前同訪法國之駐韓公使佛郎西氏。並會同前朝鮮度支部大臣李容翊氏。協定各條件如下。(一)俄國代理公使與法國公使當協力奏請韓皇。使復李容翊之舊職。(二)因補救韓國之財政。由俄清銀行貸一千盧布。雲南新基克德會社貸八百法郎。與韓國之度支部。(三)以西比利亞鐵道監督盧亨布爾(前法國公使館書記官)爲度支部之顧問官。

哈爾賓日人請設領事館

日本人之寄居哈爾賓及該地附近之處。不下一千餘人。向歸牛庄日本領事兼轄。玆聞居留該處之日人。申請外務省設置領事館。或領事分館。但哈爾賓一地雖名爲俄清銀行之借租地。實則已歸俄政府之管理。既未置租界。又未公認外國人之居留。故日本外務省對設置領事館之請願。頗覺躊躇難決云。

雜錄

清國留學生會館招待規則

一本館因東渡留學之士人地生疎故特設專部代爲招呼一切凡有函致本館者本館即盡招待之義務

一招待地方有二一在橫濱一在新橋凡由神戸起岸者本館幹事當至新橋招呼由橫濱起岸者本館幹事當至橫濱招呼其神戸上海天津三處均有本館贊成員代爲經理

計開

神戸孫君實甫　神戸海岸仲通清商益源號

上海王君培孫　上海大東門內育材學堂

天津張君亦湘　天津王皐閣前日日新聞社

一各省東渡留學者可於就近本館贊成員諸處詢問購買船票一切情形於動身前七日先行函致本館以便至日前往招呼

一天津航路至神戸起岸船抵長崎後可發一信致孫君言明乘坐何船何日何時可至神戸屆時孫君代爲照料神戸易車後可託孫君代爲電知本館（電費約二三角）車於何時抵京本館幹事即至新橋招呼

一上海航路至橫濱起岸可由長崎或馬關函知本館船於何日何時至濱屆時本館幹事至橫濱招呼

一東渡之士行李物件務以少帶爲便其烟酒綢緞各項爲入口應稅者萬勿攜帶免致多生枝節

一到京後或入預定學校之寄宿舍或暫寓旅舍均聽本人自便

一本館招待幹事一切費用均由本館公欵供給至本人一切費用由本人自理

一本館各處招呼之人如有更動之時當隨時登報申明

日本東京神田區駿河臺鈴本町十八番地

清國留學生會館啓

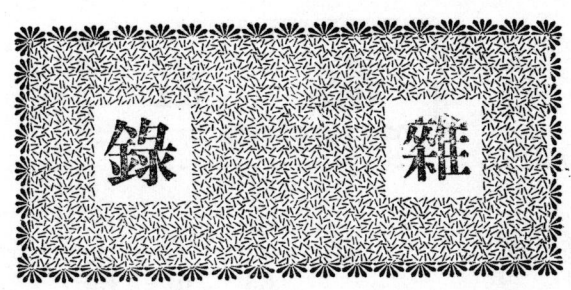

直說

本編特色

一本編由同人精心選譯所取東西各論皆適合吾國國民程度務期可企而及

一本編爲一般國民說法文辭不事艱深且立論皆以實用爲主非徒尚空設者可比

一本編各門理論皆採日本最新學說俾內地有志之不必東渡得聞各學要領

門類如右

圖畫　教育　政治　經濟　軍事　外交　實業

歷史　地理　中外大事記　雜俎

全冊共四萬餘言限正月二十五日出版

東報時論

滿洲開放議

錄日本藻洲氏原作

滿洲滿洲以爲祖宗龍興發祥之地不容漢人雜居者是清國康熙乾隆以還歷朝之遺謨也然迨至後世無論漢人即俄人韓人來而旅居以營生計者亦頗多而清廷昇平日久禁網疎濶無復嚴禁之則滿人外之住滿洲者年衆一年已我邦人小越某嘗游滿洲著白山黑水錄有言曰山東一省人民移住滿洲者大約一年一萬人此皆以山東地瘠人稠土毛之富不足自養而滿洲土壤肥沃物產豐饒大易爲生以故民之移之也輕扶老攜幼在在成群久之闢草萊構家屋竟爲子孫永住之計琿春附近之地清韓二國之界而距今卅年韓人越境潛至者開墾土田從事稼穡不下數千人清廷初不之知也至光緒七年吉林將軍銘安命知府李金鏞詰之于韓韓國有司深謝其罪且陳其國土貧小人民窮困事情請大國殊恩特許暫時租借留居而此種韓民至今尚盛俄國夙與滿洲接界清初以來稱爲勍敵乃今日氣運一變一則益弱一則益强弱者每豪

俐魘强者常逞侵畧滿洲全部幅員據大淸一統志云東西凡五千里南北六千八百三十里南至渤海及黃海西以興安嶺爲界東抵日本海北以外興安嶺爲界抵鄂德斯克海即今俄疆烏蘇里黑龍江左岸皆其地也迨有道光咸豐內外之患割而予于俄而至近時則所謂東淸鐵路遠承西伯利鐵路而橫貫滿洲以達大連營口旅順各處者經營積年其功始成而哈拉賓之地以吉林省第一之平野沃土而爲俄人官民輻輳中心之區規模宏壯推大都會且團匪騷亂以來俄兵始大入滿洲則俄人之來而營業此地者亦益甚衆也今淸俄二國條約新成而俄兵以期還故國其人民留于彼者淸廷據約當益加保護而務無復生事端也不然俄人之强悍日夜窺隙者豈其默然袖手而止哉夫以如此之事情而處如此之時勢即今日淸廷者其於滿洲也祖宗之遺讓不容他人雜居者蓋未能盡墨守而無變更則自今以後其處之者果如何而可也

吾嘗於本報論之大意以爲今天下者列國均衡勢力之時也俄國已入兵於滿洲今又聽于列國還之爲淸國者宜及此時速擧滿洲而開放門戶以與同盟列國共策其開發之業也不然淸國而一朝有變乎俄國所以逼淸必將益急而列國所以求淸亦必將大至故爲淸國計者其於滿洲彼列國之邦交休戚利害相關係者日以益深則他日俄人之計亦必將自有所變而無復侵略之患也蓋吾之爲淸廷計者實在于開放滿洲門戶而大縱內外人之雜居營業其間也且此一滿洲而開放門戶也不惟淸廷永蒙此利即淸民之稱漢人者移住益衆韓人之來居者亦必益盛而我日本人民出游俄疆而互市淸韓二國者又必將逐年而益至也烏稽老林望之如雲千里無際皆太古時物車馬橫過六十里不見天日此豈非當年吳兆騫目擊之語乎而

其漁獵也於牧丹沿江又於嫩尼江無數大魚小魚不可勝食弓矢之利如之火鎗鳥獸棲息山林者亦不可勝用其牧畜也於三姓白楊木於松花江自呼蘭北廟小子至齊齊哈爾五百餘里廣漠草野可以飼養數百萬頭馬興安嶺西西海拉爾之地古產良馬李唐末造契丹勃興實賴其力其貿易也於遼河于營口船舶上下江者一日七千五六百隻營口一年外國商船出入大約英國三百三十六日本二百二十四德意志一百八其他俄美法蘭多者七八十寡者六七此僅據我明治三十一年(清國光諸二十四年)所計而得者也其後數年蓋或有過而無不及也而其耕耘也平原曠野目不見山岳殆無際涯在松花江者三千方里在東遼河者四千方里在遼河者三千五百方里在齊齊哈爾以南嫩江以西者一千方里在墨爾根以南嫩江東西者七百方里在吉林門土者五百方里在牧丹江及寧古塔附近者五百方里此皆屬其已墾之田而其未經開拓者又不知其幾千萬里也

嗚呼、天府沃野自然之富如此其盛而其人民則僅僅少數蒙昧野蠻榛榛狉狉如此其陋其在上者徒拘祖宗舊訓而不知時變智闇力弱不能自守而彼强隣狡焉思啓日夜窺隙相機而動噫是奚異于農夫至愚者承父祖美田舍而不治徒付荒蕪哉既已不以利人又不自利終之經界堙滅隣之黠者乘而幷之我將無辞以抗爭者也有國家而長民人者不當用此愚計也蓋清之以滿洲爲別天地而奄有漢土食漢之稅役漢之民二百五十年而其間有利則收于滿人有害則歸于漢人漢人意中歉然者久矣近時氣運之變歐西列强頻來侵迫漢人唱變法自强者往往有論其內地開放縱外人雜居以爲得策而議者或以民智未開而危其機尚早也今滿洲而爲開放則其得失利害彼固可就而經驗之矣是滿人以地率爲先導而漢人從其後也滿漢人民安危相資勞逸互代又可以隨而融和漢人平生之歉然以益統一國中人民之服從也爲清廷者與其徒拘泥不變而招天下笑侮孰若善融和人民內情而共防禦列國外患也

案滿洲開放者何也蓋明知俄人之欲得商業上利益而已亦思所以染指之也蓋明知滿洲爲大利之所在而不欲中國之閉之也其篇中既不以利人又不以自利云云蓋幾乎『世界者文明種族所應有』之口吻矣各節所言與「俄人之東亞新政策」一篇可以相發明故錄之以資參攷焉至其說之是否與夫與我國民之關繫奚若則讀「新政策」可以知之矣

世界政策

日本　渡邊國武著

Weltpolitik！Weltpolitik！即吾人所謂世界政策者是實德人慣用之新文字也溯厥由來萌芽于十九世紀之末今則已蓬蓬勃勃若朝暾之初升若春花之怒放踔勵風發鼓翼飛揚日進而未有艾焉二十世紀者實此怪物發達長成光恠陸離而演其大活劇之時代也

吾試釋其義則其意味甚廣其條理甚繁或謂爲殖民政略或謂爲貿易保護或謂爲工業侵襲或謂爲領土擴張人人而異其觧牽難下一完全無缺之定義要之合此數者臨機應變奇正兼備水陸並進相機而運用之合力而籌畫之是實世界政策之精髓焉

自十九世紀所開創者若交通機關若商工業若海陸軍若國際貿易等之日發達而日進步也縮萬國若比隣登黃白于一堂前此之風馬牛不相及者今則利害日密接影響日敏捷關係日複雜遂使世界各國若同一大團之條約聯邦焉若同一大區之商工業競爭場焉其勢之來也無有能脫其藩籬超然逸出孤立而獨存者凡立國于此時代者不論其版圖之廣狹人口之衆寡軍兵之强弱民間之貧富其當爲根本之政策者則斷不能不取世界政策也蓋二十世紀者實爲世界政畧獨占之時代舍此則無能立國者

透觀世界之大勢即順其大勢而運之籌之熟按己國之地位境遇即自其地位境遇而計之畫之蓋能適應世界之大勢者而後能造乘世界之大勢以是求其道則于世界政略庶幾矣

立于世界一大活動場執國家一大活物而把持之運轉之掀翻之簸弄之以發展其國力增進其幸福濶步高視是實世界政略之本領也吾人其無視此爲危言壯語也若我帝國指日本不及今時而確立世界政策之基礎規畫世界政策之方針以開發展國力之端緒則至本世紀之中葉必感國力之微弱自衛之無道危機之來可翹首而待噬其無趦趄因循左支右吾以自失其機而自戕其國哉

是故欲確立世界政策之基礎規畫世界政策之方針則當先察國力發展之主力爲何物以予所見若欲立于二十世紀競爭劇烈之舞台其國力發展之主力則有三焉曰商工業曰海運業曰殖民業以外交政略伸張之疎通之以海陸軍備發展之保護之本末輕重不誤其權衡是爲實行世界政策唯一無二之關鍵秘訣也墺國外務大臣哥敎司克氏嘗曰十六十七二世紀爲宗敎爭亂之時代十八世紀爲自由主義勝利之時

代十九世紀爲民族主義之時代二十世紀則爲商工業界生存競爭之時代氏所言者雖過于簡畧然以大体觀之則誠可謂眼光如炬者矣

十九世紀大事業中若普魯士之再造德意志帝國塞其尼亞之建設伊大利王國日本之脫封建割據之陋制而復古統一皆距今三十年前事而爲民族主義產物之重要者也

德意志帝國當民族主義之告成功也即一轉而注眼于二十世紀世界之大勢而感世界政策之必要也于是振興實業不遺餘力廣立商工業學校以課各殖民地之地理商況語學幷他種種之情勢及其學生一旦卒業而爲技師商人則當未至其殖民地之前而已熟通其言語洞達其情勢故常不藉土人之助而能自樹其業其製造業亦與英法之惟知製造上等品物不顧外客之嗜好者有異其用意專在投顧客之嗜好應下等社會之需用而製造廉價之物品着着進步改良大有壓倒英法市場之勢至今德意志侵襲之聲殆將遍于全歐矣

德意志既以振興商工業爲政策然徵商工業之發達實首在交通之便利于是極力奬勵造船航海之事業當其帝國建設之始也其商船僅百五十隻今則增加至千三百九十隻其噸數僅八万二千噸今則增加至百三十四万七千噸其發達之盛況可窺其一班矣又感海軍擴張及根據地之必要也于是千八百九十八年通過其海運擴張案而前後復占領膠州灣拉特尼牛其尼各地

以德意志之境域觀之其一方則隣于怨深怒結之法墺二國他一方則接于俄國軍備之不可一日怠者固

無待論故其軍費之膨脹爲世界各國冠然其他方面則常注目于二十世紀世界之大勢知徒講民族主義之難立國于今後也于是機鋒一轉奬勵其商工業發達其海運業勃興其殖民業確立世界政策之基礎規畫世界政策之方針者莫不致其全力而實行之軍備經濟二不背馳其結果遂致富强幾爲世界各國冠焉至伊大利王國其結果則有大相反者世人動曰伊大利加入三國同盟過度擴張其軍備致破壞財政之基礎失墜國民之經濟是蓋未能熟知伊大利者也蓋伊大利之爲國也形如長靴其西北東接法郎西瑞士墺大利匈牙利其南則突入地中海海岸防禦線達于九百三十八啓羅米突之長外對各國欲保獨立之地位內對各府欲消軋轢于無形其擴張軍備又何能已所患者其一面則以擴張過高而與國力民力不相應他面則不能若德意志之能奬勵商工業確立世界政策之基礎以逞其遠圖大略以備其二十世紀國際之競爭卒致財源涸絕民力凋殘而陷于慘狀耳今試一顧我帝國之現狀自復古統一告成以來者凡三十餘年抑何其進步之遲遲也蓋我國數千年來絕世界之交通昧萬國之大勢固難持此比德然自民族主義告成後能注眼大局爲國家之大計者未必無一二人惟所憾者故內務卿大久保利通周遊歐美各國後于世界之大勢洞達而明曉焉乃一洗其舊見奬勵殖產之業舉全力以建設國家發展之基礎不幸斃于賊刃後之繼其遺響者遂寂寥而無聞焉嗚呼既往之事喋喋何爲我帝國苟能一轉其機鋒確立世界政策之基礎規畫世界政策之方針奮力而實行之則今固猶未晚也不見夫美國乎彼所傳來不侵八尺寸土之們羅主義今則一舉而併布哇再舉而合非立賓矣彼固非徒貪版圖之廣也蓋豫知二十世紀世界商業之中心點在

太平洋及支那之沿岸。而先造其根據地也。不見夫英國乎。彼數百年來所執之自由貿易主義。今則一變而爲保護主義。而豫畵濶步世界奇策矣。又不見夫俄羅斯乎。排除財政之萬難。而擧全力于西伯利亞之鐵道。以開闢世界之新路。發揮久藏之天產。密接中俄之聯絡者。亦不外欲發展斯老夫之雄力而已。蓋二十世紀之大問題。即國力發展之大問題也。其勢之來。大有一瀉千里之勢。豈能復容東方英國之酣睡哉。

余願天下有識之士。大聲疾呼。振袂而起。踔厲風發。叱咤一世。政府政黨實業家敎育家。咸當踴躍奮興。以造一有人格之國家。氣魄充實其總身。熱血迸發其滿腔。精神透徹其全軀。脉絡貫通其五體。專心一意以向此世界政策。而導其活動之方針。他若實業敎育販路探究資本搆成殖民保護海員養成航運事業設種種之方法手段。而改良之擴張之。則方能濶步于二十世紀之世界。然余猶有進焉。與世界政策無直接之關係者。若法律。若規則。若官衙。若吏員。若繁文縟禮。宜一切改良之。省畧之。以復其簡易素朴勤儉着實之美風。是亦余深所希望者也。

然按我國現時之政況。則寔有不堪浩歎者。所謂行政刷新。其刷新者何在。所謂財政整理。其整理者何在。所謂民業發達。其發達者何在。噫。處此優勝劣敗之世界。而猶欲以因循支吾塞其責者。吾知將不旋踵而有亡國之憂矣。吾爲此懼。吾因退而草世界政策一篇。以告天下有志有識之士。

余草世界政策畢。然猶有不能已于言者。世界政策者。主張國力之發展者也。彼腐儒漢學者流。以治平爲政之極致者。常斥此爲冒險之政策。不知國家者。乃一大活物也。夫太陽不昇則下。不下則昇。大陰不盈則缺。不缺則盈國力亦然。不發展則縮少。不縮少則發展。斷不能同時而停止留滯于同一地位境遇者。是實世界大勢上一大活機也。此等無識之士。見若井蛙。不知世界大勢爲何物。吾又何屑與辨。雖然開我維新之宏謨者。若西鄉木戶大久保諸先輩。其理想的開國進取大國。是實與此世界政策名異而實同也。我國當道之士。其無趦趄因循左支右吾。以自誤哉。

譯者曰。吾譯世界政策。竟不禁萬慮叢生。百感交集。其腦若錯。其魂若失。噫嘻。東方之老大帝國乎。生焉息焉酣焉嬉焉昧于勢暗于識重于奴隸根性。夢蚩蚩猶演太古野蠻時代之劇焉。而不知世界之舞台已開戰鬬已酣滅國之方法愈新生存之競爭愈烈。勢若萬馬奔騰。狂浪洶湧。日迫日激。日演日劇。窮追捷趨而來焉。而乃俯仰小天地中。酣嬉自若。吸其精血。枯其膏肉。使如機器。待若牛馬。冥然罔覺。夷然若常。是其去民族主義者。不知其幾千萬里。又何足以語世界政策。雖然。世界政策者。民族的國家所用之政策也。今日我之所過皆民族的國家也。不知外不足以語內。吾譯世界政策。吾愈感民族主義之必要。蓋進化有階級焉。故有發大願力。而欲刷新國民之性質。而一洗其腐風。一掃其舊毒。則未有能脫民族主義者。民族主義乎。民族主義乎。現爾身于歐美大陸。吐爾氣于白人之間。何爲乎客我。何爲乎客我民族。奄奄大陸。沉沉吾日。馨香以禱祝爾之發達兮。長成兮。

奇奇怪怪

本誌原章向无此門茲特添增專取學術或事業上之多趣味而有實益者以饗讀者焉

乞食新聞

乞丐而有新聞也斯誠可爲新聞中之新聞矣

西洋乞丐亦一種職業也既有職業矣因之有機關部焉以謀其發達以圖其進步斯理之常無足怪者雖然以乞丐業而有進步而有發達且以圖發達進步之故而發行新聞紙則自有新聞以來所未有也有之自佛之巴黎起

乞丐之新聞皆乞丐自作之其揚言曰不涉政治不偏文學乞丐作之乞丐讀之其特色一則有一門曰『市況』凡關于乞丐之經濟事業皆逐一報道之其價每部計中國四十文

此新聞之經濟亦與尋常同蓋依告白而立者也（歐美各新聞之得利皆由告白之多少以爲率）其乞丐告白亦頗有味錄其一如下

海水浴場之附近地雇不具者一人用以乞食其人須無右手者凡合格者請至……惟須有推薦契且納若干之保證金

雇人

如此類每發行不下數十種準此則可知其乞食之情狀矣有方法有條理皆甚精密皆各應其己之能力及嗜好而擇適宜之地以乞食焉吁歐人之乞丐乃亦加人一等耶

此新聞上凡富人之結婚日葬式日及誕生日命名日皆詳細無遺一一報道之乞食者案其日之次序可以

從事焉。

此新聞之目的。不僅在報道事實而已。又欲大謀乞食業之發達。有論說有隨筆。凡關于乞食之敎育及乞食的修養及方法地位歷史等皆屬之。且有來函一門。凡雄于乞食界及希望乞食的名譽者。各各揮其椽大之筆。風發雷厲。吐氣焰焉。

吁。乞食而亦有求進步者。歐人眞无事不求進步哉。

猿語研究談

有名之猿語研究者。阿愛加納博士。近頃自阿非利加歸。滯留于美國之費府。依其研究之結果。則猿語有根本語七。因此七語而變其調。則又易別意。其基礎語如下表

意	日音	西音	譯音
食	フーウ	Whoo-w	呼
飲	チユーウキ	Ch-ew-y	欺又——維
危險或襲擊	イエック	I-eegk	衣愛克
友情或戀	ヲーアー	Oo-ah	惡阿
可	ヌウア	Nevoh	奴阿
有物將來	チイイ	Ch-ii	欺——…

來此

ユーフウ Yoo-hu 由……吼

博士以猿語研究故往非洲者三次于法領之根額叢林入者蓋二年居一鐵綱箱中與其周圍大小雜多之猿相習乃以研究其語言云

加納博士之猿語研究之思想發于十四年前其後三入非洲與猿相交際今始歸至費府之動物園以其獨得之語與所蓄之猿語果哉博士之妙音發 Wow-w 一聲而猿來食 Ch-Iw-y 一聲而猿來飲 Ieegk-Ieegk! 而猿驚皆變顏色集于一隅戰慄不已嘻奇矣今將其猿語研究之歷史述之以爲世之博學者勸焉

余十五年前一日偶至動物園園中有狒食則以一大盆飼之余立其盆之旁其旁又有小猿二皆見狒有恐色常若稍兵然以伺狒之舉動

余重留心察之而覺有異何以故當狒之睡時二猿皆發異聲于是他猿皆安心以嬉及狒之起則此二猿又發一聲而他猿皆慌然見驚色一若屏息以待者于是余始信猿必有語而研究猿語之志由是起焉(未完)

解頤雜錄

盧騷自殺後其民約之學說漸流入陰界枉死城中羣情洶洶勢將決裂閻王大怒欲入之地獄有告閻王曰是種火于烈柴矣不如遣之回陽之爲乾淨也閻王不得已命返魂使者押之歸且移撤各處不准其再入陰界君子曰自由眞不死哉

吾國初呼墨西奇銀曰洋錢繼呼本國之銀幣亦曰洋錢且詈之曰洋鄉人某初入城購物店夥告以需洋若

干。某不解。店夥釋之曰。洋猶言銀。某恍然曰。吾前不解。學洋學。談洋務者。何以日多。原來爲此。

某甲貧而信佛。日誦佛號不置。然日益貧。頗含怨念。夜夢佛謂之曰。明日縣令過汝門。高呼其名。當得善報。甲醒。如所言。令大怒。笞之百。歸而懟于佛。且尤之。復夢佛謂之曰。一呼縣令。即遭笞責。吾與縣令較。則孰尊。日呼吾名。毫不怒汝。我佛慈悲哉。

瑣談片片

開闢以來無雨地　奈意盧河之下游。有二瀑布。其間地自開闢以來。未曾下雨。

世界最古之樹　墨西哥有檜樹一株。四圍百二十尺。已有六千年之長壽。次則亞非利加之婆捕蒲樹。亦有五千七百年。實可稱世界最古之樹也。

鯨壽　今日動物中最長壽者爲鯨。三百歲乃至四百歲之鯨。時有捕得者。欲判其年齡之長短。可視其骨之層數而定之。

蟻腦　蟻之腦髓若與其身體爲比例。則比各何種動物爲大。

軍用鳩　德意志軍隊飼養八千隻遞信鳩。

鐵名刺　德意志克虜伯砲製造家克虜伯男爵。常用極薄之鐵片爲名刺。

富乞丐　巴里劇塲附近。有一乞兒。忽罹疾病。倒於地。巡捕使人擡至慈善病院。撿其身邊。乃有三十萬佛朗之銀行存摺。

郵票　世界現日發行郵票之種類約在一萬三千種以上。

稱字天平　非賴圖西亞之造幣局有精密天平一種持同重量之紙二張使一張書數字返置天平則忽起不平云。

犬之飯舘　米國紐約埠有專備犬食之飯舘。每日來食之犬不下數百頭。

魚之登樹　太平洋通額泰蒲島邊有一種章魚。八足能以其足攀海邊之樹而上之。其目的在捕樹上之蟲。以爲食。人見之則自樹落遁入海中。

中國輸出之頭髮　每年自中國輸出之頭髮。其價格約值九十萬圓。

一分時間世界之生死　統計一分時間世界之死亡數爲六十七人世界之出產數爲七十八人一年之後。世界人數可增加百二十萬人

世界之國語　依德意志學者所調查世界人口三分之一爲支那語。一億萬人爲印度語。八千九百萬人爲俄羅斯語。四千八百萬人爲西班牙語

人間之衣服住處　世界人類之全體其中五億人着衣服。二億五千人裸體。七億人蔽其身體之一部分。而此五億人者。以家屋爲生活。七億人者以土穴或小舍爲生活。此外二億五千人則全不知有家屋。惟以肉體衝雨露犯霜雪而已。

種痘與結婚　瑞典諾威男女欲結婚者。兩造皆須持有已種痘之證明劵。否則不許結婚。

男女之優劣　男女之優劣因腦髓之消長而分。女子自三十歲後腦漸減其重量。若男子則雖四十歲後亦不減。以故女劣於男。

皮膚之氣孔　人身皮膚一英寸之間。有一千氣孔。使人體表面有十六平方英尺。則有氣孔二百三十餘萬。此氣孔善開通以維持康健。故身體不潔之有害即此可見。

毆妻之刑　德意志毆妻之罰。最奇妙。亦最有効。其法自犯事之禮拜六。被捕入獄。至禮拜一放還。其下禮拜亦然。直至期滿而止。意蓋取其無事也。若禮拜一至禮拜六須作工以養妻。倘被捕是妻反爲所累矣。

女之天國　亞米利加洲亞比西尼亞國其女子之權利比世界各國爲大。爲亞比西尼亞法律所認定。凡財產屋宇等皆爲妻所有。若良人侮辱其妻。不論何時可放逐良人。倘良人悔罪而賠一母牛又半駱駝。（良人認爲與半駱駝同值）則妻許寬其罪。習以爲常。反之而妻侮辱良人。則爲妻應享之權利。且妻可以已之志意。自由由良人離緣。而良人則不能云。

佛蘭西之探偵　佛國探偵之老練者。長於換形術。頗有可驚者。有一探偵。與其友約此四日中必與爾遇四次。而必不使爾知爲我。若敗露。我將不爲探偵矣。乃於此四日中第一回扮作修鞋匠。第二回扮作推馬車者。第三回扮作老紳士。第四回扮作飯館中倌官。皆與之說話。十分親熱。而總不能認其爲探偵。

俾斯麥之腦髓　據醫學博士買麻所算定。其重量實超過歐洲一切天才家。約重六十五翁斯又五分之四。比之寇皮愛六十五翁斯。又二分之一。擺倫六十三翁斯又四分之三。康德五十八翁斯。西盧來盧五十七翁斯。又二分之一。皆過之。寔歐洲。近日所罕見也。歐人腦之平均重量。約在四十九翁斯以下。

那破命之功名　一將成功萬骨枯此唐人之詩也。而今更有二百倍於此者。就佛蘭西之歷史而攷之。蓋那破命之功名。寔擲佛蘭西二百萬人之生命而購得者也。

小說

軍事小說

少年軍

少年軍何爲而起哉。我同胞亦曾讀美國一片南北戰爭之歷史乎。紀元千八百六十一年。卒以黑奴問題。啓南北戰爭之大劇。丁斯時也。戰雲慘淡。戰血淋漓中。而忽現一種不可描寫之光彩者。華華少年軍一隊是也。此篇乃當時南部兵學校之生徒。砲烟彈雨中之一少年之從軍日記耳。記少年軍之歷史。僅得其鳳毛麟角。雖然讀之令我之精神油然勃然。飛舞不止也。乃述其口吻。以正告我同胞少年。

嗚呼。我少年其諦聽其大聲喝采!!! 喝采!!!

時惟千八百六十二年之秋余年十有五秋風瑟瑟鬼氣嘤嘤過威尼亞大學校。則石徑草深鐵鍵銹澀入威廉中學校。則夕照如灰校旂欲睡咄余以前所見一隊挪龍擲虎之勇少年。而竟何往。而竟何往。嘻而孰知其生徒。其敎員皆抛書卷仗刀劍血飛骨躍以跳入最活潑之戰鬬盤渦裏。

余威尼亞兵學校之生徒也。余之同學皆南美之華族之富豪之少年也。當戰爭之初。余之學校亦曾有義勇軍一隊往。所謂「南黨之種子」是也。然往未數月。而戰況愈烈。告警之電日夜奔至。時也諸港已經封鎖。輸運之途既塞。餱糧乏而無濟。制服敝而無易。我同儕于四回砲彈聲裏。肅肅以行習戰術也。

時戰傷之將校養痾歸來。尙扶病負痛奮身當敎授之任。爾時扶短仗以授同儕數學者。折足之砲兵士官確西玉也。揮空袖以示諸生羅甸學淺者。斷腕之少佐甸雷頓也。今日着血鎧佩缺劍之畫豆英跟蹌演說于講壇。明日創百孔淚萬斛之麥獨那德丁甯叮囑于敎院。而于是我一團熱血欲迸之少年。眼所經口所嗷腦所擊刺耳膜所轟動。除誓死!!!誓死!!!誓戰死以外無他榮無他願無他希望。

戰酣矣。風潮急矣。一片雄壯劇烈之戰聲。日日咆哮于我儕之四顧。而短氣南部偏以　爭凶耗外無他報告。弔故友之淚未就。告敗軍之警又臻。無幾。而平生最親最愛之校長祈約聖忽爲諸少年揮淚來。以入彼生前最希望最敬重之校門。而同儕木立階下彷彿見彼無聲之脣溢出不言之教誨長者長者呼之而不應而經此一番無聲之演說所鼓蕩所衝擊所驅遣而我一校之少年盡化英雄飛去

斯時南部之戰鬬加僅剩弱兵疲馬一組日日受敵人之摧折不已氣不得不沮勢不得不潰而十餘州中有一點戰心勃勃如燃如沸者僅一巢之雛鷹其翼躍躍僅一穴之乳虎其聲嗚嗚少年軍哉少年軍哉積一身之雄心奇憤忍之爲可忍鬱之爲可鬱時維千八百六十四年我所愛殺敬殺之一隊少年乃忙忙碌碌星夜致書郵于父母保證人乞退校從軍之令

鼙鼓冬冬不情之天地又送春至練兵塲細草青青其如烟兮遠岫朝露依依其如醉兮東家西村飛香競妍之薔薇較英雄之血其尤紅兮時則五月初十日晚也咳！今日又暮矣無聊之太陽又沉沉入山去黃昏一渡力斗聲寒好夢初濃人聲靜寂而忽然一聲怪喊直達耳畔愕然驚覺惟聞招集之喇叭亂調不已燈火燦爛足音雜沓急整裝赴操塲朦朧之眼唯見行伍肅肅人聲寥寂副長官持軍書悲壯誦曰

諸君諸君敵人之侵入宗土僅咫尺矣我同生共死之同胞實逼處此悲夫蒙大

辱以生者毋寧死今日我南部數十州祖宗汗血之遺唯各人一絲一毫自擔任之今以晨五時組成步兵隊一。砲兵隊一。各攜餱糧。由斯丹頓前進。

余當時之心臟余當時之情形雖舉數千百之詞章家不足以形容之余又喜余又驚余之心如波之湧忽上忽下余之顏如潮之流忽冷忽熱余不自知其何以然余不自知其何以然副長官一番和淚和血之宣告畢。忽裂帛一聲同出于口曰男兒!!!男兒願爲祖國有所盡于是肩外套腰裏糧一衣一劍長揖校門而去

十二日一隊少年軍乃經過斯丹頓女學校。諸女子皆全學之舊友也乃出而視之曰。「諸君此去其鏖戰喋血果本分也雖然甘死不如義死義死不如視死如歸諸君手其賽旂而歸來否則乘楯而歸來」當紅粉青年多情叮囑依依不捨時而忽一拖泥帶水支離憔悴之騎兵倉卒奔至以乞援軍急詢之知北軍大將西偉已率捍卒數隊直逼南軍之屯兵僅離十里于是珍重一聲皆執轡而起時日色已蒼蒼矣。

未幾遂露陣以待敵。爾時夜色如墨。熱腸如火。全隊肅肅笑語聲沈立天幕之外翹

首遠望惟見火光點點明滅各處嘻、是我之哨兵也而北軍則已挾我軍三倍之勢以臨于前至半途而進發之號令下我儕遂肅然以待行時則蒲斐斯頓佐官仰天跪禱曰「皇天祐我少年」斯時同儕耳膜中忽貫一種可哀可敬之聲而心中目中腦中乃不知有家鄉不知有父母不知有生死勝敗而僅張其耳裂之眼嚙其既破之唇以伺敵未小時戰鼓震戰旗揚而一聲前進之號令下

未幾而日出矣少年軍復露餐而待戰歡呼高唱儼若尋常有滑稽者持指剪向吾儕曰「爲諸君剪去黃毛免得夢中向保姆呼乳也且問曰諸君戰死果何以爲葬儀願敵人爲我經纔敵人之土地爲我棺槨敵人之國門爲我鐫紀念碑」于是羣頤盡解未幾進擊之號令復下前軍呼後軍應忽途遇首將勃克林齊從傳令士官脫兜帽爲禮諸軍士歡聲雷動答之移時人馬之影恍如電過回首舊途丘林疏處馬首角立者其我哨兵也烟霧迷離餘燼未滅者其我昨宿所燃之篝火也已而途窮忽左向之號令下嗚呼道路一轉而如狠如虎鋒利不得迫之敵軍已逼我眼下遙望黃沙莽々南向則擊我左翼之敵軍步兵在也東向森林叢薄外制我右翼之

敵軍騎兵在也。而制我之表面者。則敵人數十尊之巨砲。映碧草而光愈白。氣愈寒。其咄咄逼人畏也。嗚呼。號令一聲。而大砲小銃之聲。已直接于耳。

時則以屠龍搏虎神鬼不可測之技倆。遣僕盧頓一隊以對敵人之左翼。由確盧一隊以擊敵人之右翼。復以六十二聯隊短兵相接以制敵人之肘。以三少年司輜重隊。以余爲番兵伍長。時也。余頗懊喪不已。何以故。蓋余昔曾以從軍志願強請于父。父曾嗤我爲乳臭兒。臨陣必蝟縮鼠竄。余大惱之。然今日苟徒奉此不動尊一矢不發。歸則我父將嘲笑我。我何忍。我何忍。我乃以那破崙苦戰埃及。指金字塔勵三軍之意。演說于輜重車上曰。

諸君。敵據于我前。果同儕所戰競者也。雖然。吾謂吾儕所怨者。不在我之前而在我之背。今既乘興而來。苟昂藏七尺軀。不與敵人一相接。吾歸去。吾同胞將以嘲笑之矢射殺我。彈丸之死易。名譽之死不可忍。余擬率我三軍。矯令赴敵。有畏死不前者聽。

是時惟聞贊成一聲。同儕抛器具。脫行囊。執輕輕之快鎗。矯然鵠立以待進擊之令。

于是委輜重車以囑數下士既大隊前進之號令下戰旗搖處少年軍兎起鶻落以逍遙于颶風暴雨不情爆烈丸之塲裏時同儕曰「冷然善也何僥倖得此淸涼以令我奔走國事之熱汗焦勞國事之熱血其消去收去」言未畢忽崩天烈地敵軍巨彈一丸直擘少年軍之腦蓋余馬遂蹶余身遂蹎倒臥于一鮮血塗附唇如煦沫之魚微動之一士官希盧之側惟怒目眈眈見少年軍突飛猛進而已移時爲赤十字軍抬去當此時也我少年軍已前進約三百碼變戰線爲凹形敵人之左右翼皆爲擊散惟一旅極困難極艱險之中軍死戰二小時始僥倖以一彈中敵大將之右腕于是敵北負少年軍乃奪其巨砲二俘其敵兵百嗚呼此乃少年軍積無數之苦楚拋無數之淚血購來第一次吐氣時也

然以少年軍偶然之小勝遂惹敵人不可思議之羞怒時也苦戰初罷喘息未定征塵未拂忽敵人討戰之怒鼓急撾而不已於是少年軍不得不亡命前趨而嚮應奈何未及敵軍二百碼而倐忽四尊猛烈之大砲同聲一擊傷哉一隊少年軍直接彈丸之表面而如何逝而如何避而士官克蒲氅柯洛克蔫倒謝郁斯倒馬科讀哀盧

倒而可憐背直裂淚橫流之老將急急臥射之號令下而少年軍如弱草驚風直臥于肝腦塗附之黃土上斯時惟大膽不敵之少年衣維安治者緊握戰旂血眼睨敵人直立而不怖

時少年軍中之一部分偶形退色士官傳齊尼忿然執快鎗叱咤曰「有敢走者我先射之」佐官蒲婁斯頓微笑慰之曰「諸君生同族死同方快樂無過于是」且挺身爲之前驅于是一隊烈烈轟轟之少年乃狂吼一聲以直奔敵軍之中堅而敵乃大潰而衣維安治遂挾旂先登奪敵人之砲臺一時也陰雲初破紅日西沉一片胭脂輕染戰旂于硝烟迷熳凱歌宏亮中重點少年軍于二百二十五人中已折其五十六人矣

嗚呼此一日果我少年軍戰勝快樂之日實我少年軍極悲痛之日也時既刁斗以招殘軍搜至麥田復見死骸三其唇灰紅齒潔白血眼四迸隻拳緊握草枯而不釋者是威尼亞校中優等學生克勃盧也行復數武則年未十六之幗柯獨由兒在沈沈甜醉其可愛之顏色映夕陽而愈紅惟其双手張戰衣胷前流血未乾宛有剖卻

心肝令示人之意焉至一森林虞復見一息尙存之撻納篤睜腥紅之淚眼發如絲之哀聲叫（我友致意父母男兒當爲）言未終而氣已絕丁斯時也暮靄茫茫弓月灣灣余立此爲聲之野余對此無聲之友余忽思及當時在校之時余忽思及數週前長揖校門之時余忽思及當時同游獵同演習同嬉戲之時余忽思及戰之前夜故友持火以視我之時余忽思及今日午前于輕重隊之旁與故人相別之時嗚呼歲日如馳人天揮手自戰事至今二十餘年矣然當日黃昏之淚迄于今猶沾我襟也

圍已解軍旣旋而同儕乃大宴會于雄鬼暇暇燐火沉沉之腥血圈子裏時北軍降人曾私語曰（何處小魔兒白旂豎處竟令乃公手足箝制而無所措）蓋白旂者我少年隊之軍旂也此旂之制敵人目劇矣時北軍每嘖嘖曰（當衝不願迎白旂臨陣不幸逢小兒）嗚呼 余等一隊髫齡好丈夫狠貪狐吼之敵人果作如是觀果作如是觀

翌日少年軍乃奏凱而東旋達利西孟篤而父母而諸兄伯姊而同胞國民開一觀

迎會州人蟻集于郊幾如墻堵無老無幼無野無市均欲一拂我少年軍之征塵一執少年軍之徽轡以爲榮以爲快以爲娛樂而我一隊少年軍祗慚愧一聲而逕去嗚呼當龍跳虎蹲戰爭之時同儕皆翩翩絕世少年也自近頃以來有夜臺長睡者有風塵奔走者其大半則皆霜髮斑斑垂二毛矣光陰荏苒滄桑盡易惟余學校之校旂仍飄飄于夕陽影裏迄于余未有異而少年軍三字則刻入世界上不雕之木之腦影中迄于今未曾忘

譯者乃曰嗚呼我讀此篇吾魂飛去吾如狂吾如醉吾如夢吾惟恨恨吾之筆不足達其情吾惟恨恨吾之身不能與其役雖然吾作此吾惟遺我有情吾有此心吾終達此志佇看二十世紀風潮中必有（支那少年軍）五字之旂之頂上放一點光彩以照耀天地者噫我同胞少年盍歸乎來

譯者又曰夫美世所謂好平和之國民也而其樂戰乃若是吾于是不解吾中國人之性質也彼死于水火死于盜賊死于疫癘而不畏而一言戰則皆搖首喪氣以思走何以故曰畏戰死惟畏戰死于是甲午之役死者數十萬庚子之役死者數十萬

嗚呼吾中國人其果畏死耶則吾擧世界列國之死亡者而比例之多莫吾中國若也擧歷史上之破壞事業而比例之多莫我中國若也昊天不吊降喪下民自有歷史以來未有如支那民族之慘者也然其習于死也如此而畏死也又如彼于是吾敢斷斷曰惟愛平和乃爭戰死惜畏戰死乃喪其父若母若家室妻子若國

偵探小說

專制虎

專制虎一篇者俄羅斯虛無黨一段極英雄短氣之公案也。俄廷旣以較毒蛇猛虎更狠之苛政。應酬國民。耳有一群猙獰靈警之偵探爲餓虎作倀。水母增月。雖民間風吹草動無可逃其耳目。然而虛無默則以斷頭瀝血爲滋味。以西比利亞配地爲極樂世界。日日以爆烈丸討政府之應酬不止。間有小挫却增彼一番秘密擧動之智識。手段。前仆而後起。至今日出沒宮廷蔓延朝野。吁可爲雄矣此篇所譯亦虛无黨中一段公案也。探者奇。虛無之手段亦奇。蓋有咄咄逼人之氣焉。

吾輩雖未曾遊英京倫敦而設之于理想界覺其莊嚴華麗極撩亂我眼花也其哈德公園過數武則俄伯爵阿蘭克之私邸在焉伯爵旅于英三閱寒暑奢靡晏逸人

人僅知其爲逐逐于勢利塲中人惟好客如命且熱心于慈善事此亦不過富家翁之故智也夫人早逝僅遺二女伯爵視之不啻掌中珠其一切家事有從一僕人口中呼出爲愛聖夫人者掌之夫人英國產也年僅三十許氣宇宣昂學問淵博兼通數國語言文字尤好談政治名人巨子日夕顧從者踵相接監督伯爵家事如全權大臣然夫人待人最溫良惟有二奇癖一則梳洗時必獨處于幽暗無光之斗室中雖伯爵之女公子偶闖入之且呵責也次之爲好旅行然未示人以方苦詢之則呵責如前。

流年似水忽忽旅況又度一春時適英正月抄爲俄元旦伯爵大開宴會祝賀新年俄國習俗屠蘇一酌爲極鄭重之禮伯爵不得不依樣葫蘆勉强從俗然而天不做美偏送一陣冷雪爲伯爵祝品來是日倫敦城變作白銀世界且滴水成冰行人裹足此時雖伯爵具有倒屣迎門之雅意恐不免夜半虛前席矣不料黃昏初渡車水馬龍來賓如織不但倫敦一處竟有自法蘭西德意志瑞士計日趕到者是日蒞席者計九百七十四人古人云富潤屋德潤身幸伯爵之私邸雖再增來賓數倍尚可

容膝。是時賓主寒暄數語。遂整齊赴宴。直至十二時酒闌燈盡。賓主次第離席。伯爵復邀賓朋進一所重階洋房。蓋俄元旦。必盡宗教上儀式。此室備爲跳舞唱歌之用。故平日踪跡罕至。且離食堂約得半里距離。來賓既魚貫入內。但見點着十二盞紅薔薇罩電燈。銀光瀉地。逼人眉宇。四面雕窗。恰用天鵝絨遮住。左側凹形耳房。安置幾許薄記。不過標着聖書名詞而已。此室雖屬尋常祝賀之用。而門戶機關。甚精巧。且重重用紅革釘就。關閉無聲。故處此室內。幾如別有洞天。此時賓主歌頌既畢。伯爵復掌一冊薄記。支吾誦讀。賓主紛紛聚訟。既而晨雞高唱。而來賓遂絡繹辭去。雖然此日之盛會。來賓紛集。而除俄人外。竟不得一人焉。咄咄怪事。

賓主星散之後。二十分。伯爵重至密室。忽眼光一閃。恍惚有人影自凹形耳房。倏然遁出。四遍踪跡。恰鷄犬不驚。草毛不動。人耶魅耶。梁上君子耶。咄咄怪事。

伯爵自慰之以眼眩。乃寢其事。彳亍。復兩週。適倫敦之音樂會盛舉。伯爵乃挾其二女以偕往。晨妝初竟。次女納他烈。戴白羽之春冠。曳文華之長裾。面覆鵝沙。腰競蜂支。時適繞螺旋之樓梯。婷娉下轉。忽覺一種不可思議之物。劈頭淋下。恰躧蹋得納他烈錦繡一團變作雨淋的乳鴨一般。咄咄怪事。

納他烈絕叫一聲。合邸家人。急急奔至。原來是一從新年、會前二、禮拜、進來、之、新僕人提着紫金乳酥壺而樓梯下轉。偶一失足。不情之乳酥壺。遂直敬納他烈一身。而此嬌生慣養素未一經委曲之千金。乃怒火烈焚直奔乃父伯爵前。而此僕人則尙執空壺木立于樓梯上。齒欲噤而不能。淚滿眶其欲流。顏色其靑而黃而紫。雖欲直呼愛聖夫人大慈大悲救苦救難而不敢。

而此時愛聖夫人見可憐、可恨、之情狀。幸而夫人是文明人。且英國無野蠻法律也。直痛斥一番。限十分鐘內將僕人驅逐而已。然此僕人偏戀戀、不忍去。奈何覆水難收。乃對夫人重重施禮。含淚說一聲、偶得、報恩、雖啣環、結草。生死、不忘。

此時納他烈怒容已息。又經夫人好言撫慰。于是重整靚妝與伯爵攜手車同竟去。過數日。忽夫人旅行雅興又發。遂將家政囑托伯爵長女克德雅。至次日晚六時遂乘上等瀛車向毒惟進發。原來毒惟臨海對岸是法國境界。所以英人到歐洲大陸恰以此地爲咽喉。是日苦雨連綿。烈風飄忽。途中泥水儼如墨汁。旅客幾稀。時忽來一男子。穿着重裘。帶一頂虎皮臘帽。狗頭鼠眼。向旅客一一注視。而猶經心千愛聖夫人。已而車走雷聲。倏忽已抵毒維。夫人復乘船向法國逕去。直抵海岸。復購善柰維車票前進。善柰維原爲瑞士名勝。在歐洲推爲第一。夫人上車時始見此鬼鬼祟祟之男子。乃踉蹌喪氣去。

夫人既安抵瑞士。未數日而極驚神駭鬼崩天烈地之一大謠傳至。謠傳于何起。起于最繁華最森嚴幽靈不得入之俄皇冬宮。嗚呼。俄皇宮廷之日夜戒嚴。無待余嘖嘖也。俄皇膳。貴戚先嘗之。以備毒也。俄皇行。待衛環行之。以備刺也。俄皇之休息室。則憲兵巡查。晝夜拱立。而目不動。足不敢遺。以備爆裂丸之飛空直入也。然而虛無黨偏渾俄廷人物一爐而鑄之。而爲皇先嘗食之貴戚中。有虛無黨在。爲皇環行之侍衛中。有虛無黨在。爲皇守備休息室之憲兵巡查中。有虛無黨在。其眞爲王黨者。實庸庸碌碌。惟有戒慮外。無他能也。當時侍衛長維拉伏克大佐。曾供職三月。遂易其華華美少年。爲白頭翁。噫。若是其劇也。

先是俄國有大偵探名米加野者。已退老山林。時忽得維拉伏克一急電。招之至彼莫知云何也。急赴宮至維拉克密室。見其倚電信箱而木立。若經大駭出神者。及近其身。猶不之覺。直呼之始醒。無他言。惟握偵探之手急呼奈何!!! 奈何。細詢彼。則云昨夜俄皇所居之寢室傍。忽有一平日最忠信篤實之衛士。名斷拉其未者。私繪周圍地圖。爲一暗查所見。捕之。彼即片裂少圖而盡吞之。至今不過十一點鐘。然已用炮烙刑拷問者三矣。且彼已若口噤。卒未曾發一言。臨刑時亦未曾呼痛也。偵探曰。彼究何人哉。維拉伏克曰。噫。其虛無黨也。偵探曰。然。現其人何在。曰在獄。曰將何處之。曰以死刑。然不知其繪圖何意。必得其踪跡也。偵探曰。是無益矣。曰何故。曰必不供矣。閣下不知虛無黨之宗旨耶。彼以爲事成則全體之益。事敗僅一人之禍耳。閣下曾見虛無黨事除偵探得知外。有曾口供一次者乎。維拉伏克曰。然則奈何。偵探曰。釋之。復其原職。維拉伏克憤然作色曰。咄!!! 汝囈語耶。偵探曰。何敢。夫死者無言。而生者長喋喋也。閣下果能釋之。區區之事。余極力擔任。維拉伏克曰。釋之殊非異事。偵探曰。今上既依閣下爲性命。乞敕令一通何難。維拉伏克始領悟。于是偵探未出宮門。而赦繼拉其未復原職之詔下矣。雖然。此事乃旅居英國之俄伯爵新年會前一月事也。

繼拉其未何人也。不言而喻。知其爲虛無黨也。彼旣蒙茲天驚石破不可思議之解脫。而心愈駭。而腦囊中一種疑團。愈不可消却。雖然。不得不强爲歡笑。以訪彼平生所眷愛之情婦。時則大偵探米加野尾其後也。怪哉大偵探於此時遂拾繼拉其未而日日踪跡其情婦日者其情婦偶途遇一名倍德蘭夫人握手寒暄而大偵探不覺眉飛目舞。自語鐵案!!! 鐵案而去。元來倍德蘭夫人爲流西比利亞某貴族虛無黨魁之妻。今日祕密議會之長也。於是大偵探遂伏眼線于其家。而其繪地圖埋爆藥之隱情乃得。

未完

道力戰萬籟微

茫課其功

不能勝寸心安

能勝蒼穹

新浙江與舊浙江

浙聲

讀史乘十萬卷羅上下亘古今數五大洲百十國之興衰成廢綱舉而目張之慷慨雄談津津然不以爲厭横坤輿圖七萬二千里指摘其形勝批郤導窾數其物產窮其沿革睪然見文明之輸灌而于被族之通人學子識其里居憶其姓氏每于空山閉門風雨入戶慨然有起古人于九京之想撫卷而嗚咽之於乎斯亦可與入儒林之選而無媿色矣雖然我嘗與之游里井之間經兒時釣游之地徒步出郭迷不知返盲然不知里居之所向而叩以一鄉之習慣人情之所趨鄉先生之生平與夫大兵革大水火下至村農佃老一家瑣屑爲載籍所不詳志乘所不錄者瞠目結舌噤不能出一語反不若婦女傭役據故老所言寒夜絮語爲通人所忌諱而屏爲不經之談者足以激發鄉情動人憤臆於乎通人通人非不呺然大也我爲其無用

而捨之

我、浙人也。數典忘祖。則吾豈敢。今之言强中國者。亦多矣。通都大邑。不少讀書名士。與之言中國之興亡。愀然作色。奮口抵地。怒目裂髮。悍然以中國鬼雄自許。擗髀而呼曰。强中國。强中國。下至鄉曲紈子。浮薄少年。奇衣翩遷。執一二書報。往來于名流社會。从人之后。拾唾餘而不恥。譁然相逐曰。强中國。强中國。甚至大球虎狠。一方島國。假名友邦。藉口同種。不惜出其政策罔羅。而魚肉之。講壇儼然以服从爲先導。而猶囂囂然揭其主義以示人曰。是教育也。吾代謀之。吾亦以强中國爲望者也。夫中國之範圍亦大矣。强之之言。要非名流浪子所得假爲口實。而更不容他人有所參議于其間。抑更以中國內容言之。家異教。人殊業。百里之內。語言不同。南北之間。風尚互異。而其種種社會。又各有其特別之性質。保守之習俗。難以極奸雄之手段。不能合海內而一之。然自秦漢以來。戴首一尊之下者。垂二千年。此中國所以爲今日之中國也。雖然。大勢所趨。萬夫避易。今者又民族主義大潮流。橫決之一日矣。此浙江潮之所以作也。

雖然義又思之奇突不平之士憤然于公德之腐敗痛大羣之不可合讀意大利歷史血淚欲枯不得已而發聯邦之思想度幾各吾其土各公其奴之一境矣然我又悲其無此一日也其將發也簡其終也鉅此天下事之公例也涓涓細泉潰爲江河吾恐數年數十年後必有其互相搏噬互相芟夷元黃血戰殺人滿萬之慘境當周之季七國相軋秦祖龍乃起而吞之雅典斯巴達諸族相併而亞力山大乃攘而臣之於乎此亦談分治者所無可如何者矣雖然分治者又今日萬事萬物起點之一途也時勢英雄我非其選我亦揮一掬淚于風雲萬里洶洶涌涌之浙江潮而已

浙江潮之名譽振動于古歷史者自伍員始鴟夷一怒發爲雄聲千載下道其事者猶鬚眉怒張風動四坐以此負浙江之特色雖然俚說荒唐王仲任之言辨矣我又不滿于浙江潮者一事南宋之季趙氏以孤兒寡婦受元人之凌奪孤城垂沒元人聚兵于江于者以萬數城中老弱以爲敵人必死于此地矣而潮汐不至者三日中原竟以陸沉於乎潮而有靈汚我浙江也亦久矣何稱爲雖然無稽之言縉紳不道今者要爲江潮革命之一日而我東西之少年之奇士之學潮之思潮之文潮爲事業

大潮流之先河者。風激水湧拔大空而特起。雄哉浙江潮。自今而後始發現于世界。」

我嘗屏居一羣之外。獨抒胷臆。感觸無時。攬中原之大勢。狂呼覇徒四顧蒼茫。人無應者。既而思曰。我浙江有獨立之社會。三而浙東西之文學不與焉。一商社會首數寗波。舉吾浙之解事小兒無不知甯人以商雄于中國者矣。雖然我又放觀其一群之外。以爲寗人之商業精神猶可畏。吾浙江十一府之通都名會其絕大之商塲之勢力圈。孰非寗人執其牛耳。而寗波一邑富家至數百萬者不少概見。况以數十年前風氣未開之日。寗人之挾重貲走海外者。動數百萬人。而其足跡所經之地。必有有非常固結不可解之團體。而海上會館一事。旬日之間。蒼頭走卒。莫不奮臂與法人死抗。至血肉狼藉而不悔。是亦寗人之大特色矣。夫泰西文明國二百年來以商業爲世界問題者。夫既人知其說矣。而彼族之大官通人。縉紳碩士。不惜著爲學說。伸其權力。揮張而揚厲之。以商業自由爲當時倡。於乎彼族之以商力陶鑄全球者。非無故也。我寗人何恃乎以之國力則魚肉無時驅之惟恐不暇而一二讀書之士與夫巨室大老又鄙之爲市儈薄之爲商賈不屑與之通一語或有一二自海外挾貲歸鄉里者則親戚交游百端以身家口腹累之而公論不以爲非於乎此不能不歸咎于中國之積習矣然甯人獨能百折不回視重洋爲戶庭逞其冒險進取之心走異國不稍退於乎此豈甯人種性之特別與雖然富而無教識者羞稱我又不禁爲甯人悲矣吾嘗獨乘海船東渡太平洋接甯商之一部則其衣冠如故搖尾髮曳長裾見華人之易服飾者動色嗤笑之於乎其毒根雖種自向來之習慣與先前數年之學說然亦獨立性之不可磨滅者歟此其一

一工社會浙江非以工名者也而居然有大工場若隱若現若塞若通掩躍于大江以東者溫州是已百產之盛物價之平去浙西殆倍蓰而其民之質樸不彫耐勞苦忍饑寒者又非浙西大郡以浮靡相扇者所可同日語也夫工產之地必其地理社會風俗以及日用起居皆有特別之結構而后可成爲完全無缺之工市溫州濱大海而居儼然畫爲一國雖以非常變亂兵戈猝起全流離離而溫州可以獨立布帛菽粟充牣于內離以凶荒旱潦全浙驗動溫州又可以獨立而其人心風俗又富于排外之性質實業之思想不爲種種社會所移而矯然有以自成一習慣於乎此固

太西文明國工人之資格也然其居人乏于交通之知識不能與海內名都競爭利市而商權反握于寗人之手若牛革若粟米若柑相航海達北直者其利權皆操自他人而其民之不能生息于其鄉者爲佃傭于浙西歲常十餘萬甌人不自治吾恐十餘年後甌人無富家矣

抑吾又聞之尙武性亦以甌人前甚白晝挾刀杖悍然尋仇官吏不能禁雖士人女子必有悍然之氣概不似浙西之文弱洪揚之亂童子登陴而觀拍手歡呼以瓦擊敵寇兵爲之駭退庚子之變村民奮白梃以排外離端安數里與鄉兵相鬨而城人之往觀者負手而立相去僅數武以視浙西之一聞兵警栗栗欲死者又相去幾何矣於乎工社會而無强立不畏死之雄風則奴隸耳牛馬耳歐洲各國其工人多聯盟罷業挾持其政府者要必具此野蠻力甌人既有此特質矣而其地自明季以來多不爲外人所注視故種族之大防亦不若浙西之甚我嘗中祖獨來思哭燐飛攫大地圖圜視而點數之甌人其猶粵東與嗚呼三年畜艾須之有時我于攫人有厚望焉此其一

（未完）

浙江文明之概觀

公猛

以予觀於我浙江文明則未也而先流於文弱文明文明而何足之而何足云即文明矣雅典文明矣印度文明矣迄於今不能於地圖上占一顏色文明文明而何足云而何足云雖然其歷史又烏可誣也我今敬遺我浙人一言曰第一與天然爭第二與時代爭與天然爭者何也今試思我浙人染一文弱之惡名者果何由乎錢江以西山川秀麗河流便利天然之力强乃能造成一娟娟秀士而又以交通便利走中國最廣故一若文弱人乃爲浙人代表也若夫越江以東則山林漸衆而其人民之武力蓋甚强矣雖然强可恃乎尚武性不出三十里其可謂之尚武乎蓋是皆其人爲力薄弱而不能與天然爭勝故雖然吾以求之歷史則有之矣若有明是也以王始以黃終彼皆能以人爲力利用其天然故理想淩天氣魄蓋地而鼎革之際奔走海外者猶踵相接嗚呼吾猶夢寐見之嗚呼浙人無毋忘吾歷史所謂與時代爭者何也吾熟鑒中原文明之趨向自北而南浙江者至有明而極盛今則漸入於南矣蓋自黎洲以後銷沈者三百餘年流風遺烈渺焉

無聞。嗚呼痛哉。凡是皆不能與時代爭勝者也。吾以求之歷史。則有之矣。若項王是也。當二千年前而獨能率其子弟爲歷史上一人物。懷哉懷哉。與時代爭勝者。其人固如是哉。嗚呼吾猶夢寐見之。嗚呼浙人毋忘吾歷史。而不然者。雅典文明矣。印度文明矣。文明不成而流。文弱此又歷史之羞。而予心所傷也

披我國之地圖而觀之。見夫背山面海。左江淮而右閩粵。中貫以錢江甌江兩河流者。非我浙江乎。其間人民二千數百萬。地方七千數百里。物產數十萬種。高原平原。大河細流。無所不有。動物植物礦物。無所不備。江山誠柰人留戀哉。吾且觀其民之活動力。登高而望之。見夫松杉柘柏。鬱鬱蒼蒼。蔓山盈野。向日而爭光者。非我浙人之林業乎。稻粱粟菽。瓜瓠果實。山窮水曲。平鋪如織。非我浙人之農業乎。梵宮古刹。高聳雲天。使建築術不工。何以至此。極目水天盡處。泛一葉之舟。握如箸之檝。以與波濤爭一旦之命。非我浙人業漁者乎。之江之濱。鑑水之曲。帆檣林立。其造船術之發達何如。乃讀鄉先哲學士大夫之遺書。其理想之高超。出乎天天而入於人人。發爲文章。雲蒸霞蔚。光怪陸離。我浙江人於政治界哲理界文藝界。其位置固居何等

乎蓋自中原文物輸入我浙以來風發雲厲電掣雷鳴遂以成此日之形勢而此日者則又存亡之鍵興廢之機也其亡也則土地爲人占焉妻女爲人奴焉一切歷史化爲物語一切盛業化爲古蹟其興也則且將挾其一切哲理一切藝術乘此滾滾泊泊飛沙走石二十世紀之潮流以與世界之文明相激相射相交換相融和放一重五光十色之異彩以灌漑我二十一行省之同胞浙江者文明之中心點也吾浙人其果能擔任此言乎抑將力不勝任徒爲歷史羞乎夫歌舞昔人者所以示後人也而不然者則當此滄海橫流視天沉醉方將沉痛迫切之不暇而又何用予之鼓吹休明者爲哉

雖然文明之發生也必在大江大河之上游我浙江位揚子江之下游而又僻處其右偏處西南又多山以爲之障蔽故但能發揮之光大之及究其文明所自來不得不歸黃河揚子江上游之各地憶自我漢族由帕米爾高原發生以來過伊黎越新疆以至於黃河流域受四圍之影響一種文明思想遂滑滑乎吾腦中久之又久而中國之文明生焉浸假渡河而南矣浸假渡江而南矣迤邐迤邐沿襄湖超蘇皖以

直達於我浙江既受中原之影響而又以靈秀之山川豐穰之土地鼓鑄而製造之而浙江之文明遂生焉

即其方面以細爲研究其所歷之程次與所經之階級蓋可分爲四時代自大禹至至春秋爲萌芽時代自越勾踐至西晋爲生長時代自晋南渡至北宋爲漸進時代自南宋至明末爲發達時代

萌芽時代　岣嶁之碑巍巍乎屹立會稽之山巔嗟乎此何物也此亦一金字塔焉此我浙江文明之鼻祖所留遺之紀念焉唐虞以前書缺有間矣其詳不可得而知以意揣之我浙江爲蠻族所盤踞無可疑也及洪水之興浙江地處窪下必沈沒於潭潭萬頃之洪濤中間有一二出水高者而蠻族之焰方張自大禹荒度以後浙江之半部分遂出現焉然三江者大陸之極端三江定而大功告成於是我漢族四千年前全知全能之一偉人施神明不測之手段以開化此丕丕榛榛之蠻方史傳『禹到越上苗山大會計因更名苗山曰會稽』又言『禹會諸侯於塗山（塗山亦會稽山）執玉帛者萬國』夫不能計其數而總記之曰萬意其時北至幽冀南至交趾

東至青兗。西極流沙。無遠不屆。無國不來。如風鳴。如水湧。如魚之縱壑。如蜂之朝王。跰足屏息奔騰輻湊。如挾其國之政治學術技藝爭先恐後。奔赴於一點。懿歟休哉。上古之文明蓋無不流入於我浙江以築百代之基礎。冠裳萬國玉帛九重迄今摩挲古碣。瞻仰崇碑。猶依稀彷彿於吾人眼簾中也。雖然。文明之種子雖廣布乎而蠻風猶未息焉。當少康封庶子於會稽。『尙文身斷髮被草萊而邑焉』則禹雖萬能。總不能使蠢蠢之蠻族。一躍而入於文明之域。蓋爲天然力所限也。欲文明之發榮滋長乎不得不待二十餘世後之勾踐

生長時代　勾踐之困於吳焉。身爲僕隸。妻爲賤養。嘗穢牧馬極人生不堪之苦。既而踈越引爲大恥奇辱。思得一當。以洩其宿憾。勾踐以憤發之心寔行改革而吾浙之文明遂如六月之苗得甘霖而暴張將放之花被濃露而怒開他日之食其賜而聞其馥者。勾踐勾踐。謂非汝所賜而誰賜之乎。吾欲崇拜浙江。吾先欲崇拜造浙江之英雄。吾欲崇拜造浙江之英雄。吾先欲崇拜勾踐。試即當日所表見者。約略言之。

政治　置內外相以位文種范蠡。有掌財政者大夫皐如。職之。有掌軍旅者大夫

緒稽郢職之有掌獄訟者大夫若成職之有爲行人者大夫曳庸職之有爲諫官者大夫皓進職之有司天文者大夫計硯職之設官分職綱擧目張上下一心勵精圖治內和萬民外結與國擴張軍備以撼强敵嗟乎他日滅吳淩楚橫行淮上號稱霸王天子致賀豈幸也哉其政治之發達有如此者

軍事　當國人之不願從軍也施以愛洵其名有來者王食之夫人衣之以鼓舞其愛國之心及國人皆願從戎矣於是量其居好其衣飽其食以簡銳之而軍士之體魄强聘處女於南林迎陣音於西楚敎之擊劍敎之挽弓而軍士之智識盛然或足智多謀强力善戰而無百斷不回之敵愾心以統一之仍無當也於是軾鼃以激之使懷心樂死而軍士之德全不數年遂有習流二千俊士四萬君子六千諸御千以之伐吳一戰而破再戰而滅矣其軍事之發達有爲此者

農業　物別三類粢稻粟爲上物黍麥爲中物赤豆大豆瓜菓蔬食爲下物類戸以種之敎以四生之道惕以四死之故春生夏長秋成冬藏三年五倍越國熾富其農業之發達有如此者

工業　范蠡仰觀天文。發紫宮。作小城。周百二十步。西北立飛翼之樓。東南築伏漏之竇。陵門四達。以象八風。起離宮於淮陽。立苑於樂野。築於台於石室。建駕台於成邱。其建築術果何如哉。吳越之戰。越以大翼小翼中翼爲船軍戰。又曰戈船百艘。意其時必習於造船術無疑。夫劍天下之利器也。而其制傳自越。世傳越王聘歐冶子作劍。一曰純鈞。二曰湛盧。三曰豪曹。四曰魚腸。五曰巨闕。歐冶子之造兵術。後世猶難之。吳王好服之離体。勾踐乃使國人采葛織細布以獻之。吳王大悅。其織布術之工。又可知矣。類舉以觀。其工業之發達有如此者。

文學　讀烏鵲之歌。則黯然而悲。誦采葛之詩。則悠然而有所思。歌送軍士之章。則又赤面耳熱。使我神旺。嗟乎『三軍飛降兮所向有殂。一士判死兮而當百夫。道祐有德兮吳卒自屠。雪我王恥兮威振八都』此非我浙江二千年前之文字乎。其文學之發達有如此者。

美術　巧工施校。制以規繩。雕治圓轉。刻削磨礱。分以丹青。錯畫文章。嬰以白璧。鑄以黃金。狀類龍蛇。文彩生光。此非越獻吳之木乎。其彫刻圖畫。迄今想像及之。

猶覺玲瓏精緻光彩爛然。其美術之發達有如此者。

綜而觀之。其時百度修明。萬物維敍。農服其疇。士修其業。百工居肆。以給人用。養心悅目。娛魂蕩魄之具。無不畢具。及外寇之來焉。又能萬衆一心。不惜犧牲一身以衛全體。流血滂滂。貪進不止。其惱力其體力直欲於東海之濱闢一新世界長驅直入以與中原爭優劣豈不壯哉。自此以後歷秦漢而至魏晉。天下合一。於政治上軍事上無所表見。其他則代有進步浸浸乎與中原並駕而齊驅矣雖然於經學於哲理中原巍巍數大儒。後先昪足。方與未艾。而浙江僻處海濱。尙不被其風潮。無足觀者。欲使他日著中國文明史者不至置我浙江於蓆末乎時乎時乎尙有待焉（未完）

文苑

新奉化歌

再世 馮生

新奉化。新奉化。新奉化吾爲此名君莫訝。大地民族主義正發皇。生斯土者敢獨謝。溯昔錫我縣名未爲臧。彷佛蠻夷之國下眞王。至今傳之千餘年。奴隸根性將毋亡。吾竊懷此恥。吾獨走徬徨。仰思古賢哲。俯念今梓桑。有宋諸老興詩禮。有明一代盛冠裳。其時頗進文明界。二百年來故步僵。獨有戇直倔彊老骨性。時時仗義好爭競。方今世界盛行競立爭存優勝劣敗天演義。吾乃爲吾同胞兮舉手以鳴敬。吾更爲同胞兮加額以相慶。慶吾奉化兮人文興。龍津鳳麓起崚嶒。東西文字須並習。理實科學要同徵。況有遠游扶桑者。轟轟烈烈勢奔騰。慶吾奉化兮地理美。半山半陸又半水。膏腴之地足稻粱。汙下之鄉充鱣鮪。銀礦煤鑛更希奇。富甲五洲立可俟。並此二難良不惡。吾拜新民吾其作。一小分子自錚錚。四大自由何落落。保國保種先保羣。箇人義務社會義務都要著。吁嗟乎大厦兮將傾。燕雀兮哀鳴。吾願吾同胞兮動魄而驚心。吾願吾同胞兮衆志以成城。吾願吾同胞兮爲獨立自尊之國民。吾願吾同胞兮救羅一切苦厄之衆生。新奉化兮新奉化。播此名兮歐和亞。播此名兮歐和亞。吾將約吾同胞兮泛九曲之谿。入四明之山。少自暇。

支那寄生近作。

秋興　淮南木落楚波平。十二樓臺朧月明。北渚衣冠愁帝子。西風環佩弔湘君。懷沙空抱靈均志。銜石誰憐精衛心。歸夢怕隨鴻雁去。江關哀怨不堪聞。　鐘鳴落葉故鄉心。大好江山送夕曛。白髮伶官秋試笛。綠鬟小婢夜調箏。女蘿窈窕思君子。杜若芳馨贈美人。省識九歌哀怨意。靈脩不見涕縱橫。閒庭落葉送哀蟬。羅袂無聲倚曲欄。客子行行悲逝水。夢魂黯黯戀家山。芙蓉遲暮開江上。楊柳婆娑滿漢南。聞說九關多虎豹。帝鄉回首一汍瀾。　御溝流葉出宮墻。老樹秋聲繞建章。九辨歌殘思恍惚。四愁詠罷淚蒼涼。碧雞霸氣沉湃水。銅雀荒臺憶洛陽。散盡黃金餘白髮。周南留滯獨神傷。

題百年一覺　羣龍無首太平世。萬物有情烏託邦。好夢百年渾一覺。紅塵彈指已滄桑。　不勝地老天荒感。無限海枯

石爛情理想忽開新世界殘山賸水總精神　自述　鉛華落盡見眞相始信波瀾
起寸心槁木死灰猶有性淸歌紅淚總無情憑將俠劍酬孤志莫把儒冠誤此生欲
覩靈脩傷數化高邱返顧涕縱橫　少年讀易識憂患壯歲著書多苦辛諸行無
常觀世事一塵不染見精神完全魂魄兼修體往返天人自在身惟有愛悲深印腦
難將慧劍鏟其根　自題小影　色相成塵吾喪我猶留幻影在人間現身無量娑
婆土不爲鉛華乞駐顏　乘大貞丸赴滬誌感　赤手空拳思獨立望門投止歎無
家大貞丸上船頭月一夜催人鬢欲華　華嚴國土如斯大各有前途努力行未淨
根塵生百感魚龍夜氣落滄溟　悲愛吟　無限纏綿情一把辛酸淚茫茫世界中
惟有悲與愛　黃浦仕邊獨步　靈魂不死吾猶在軀殼輪迴何足論我乘願船尋
佳著江天寂寞正黃昏　南潯道中　自由血與强權戰敢爲飄流改素心滿地江
湖不歸去夢魂和月到南潯　去去行　去去復去去遠山長河湄去去欲何之誓
脫奴隸羈男兒失自由何用家室爲不能長相保敢辭長別離燕雁自南北溝水各
東西忍淚一揮手浮雲天之涯海枯石見底自由終可期去去何所言但言長相思

京口夜泊　驚波迸作不平響。孤客船頭苦憶家。喚起愁心無那甚。夜來江上聽悲笳。夢煙愁霧黯平楚。酒醒今宵鐵甕城。半夜月明人不寐。時聽船尾打潮聲。江風吹水鼓鼙響。冷月照人毛骨寒。湖海豪情今夕減。卻思歸去臥家山。嗟余腦印偏多感。未免有情便起愁。一樣春江花月夜。看來蕭瑟似深秋。

曉發塘沽　不似江南曉色清。五更鼓角塞雲橫。核雞帶月啼茅店。此是人間勞苦聲。

亂後重過天津　羣龍戰野玄黃血。太息繁華成古邱。重上天津橋上立。殘陽廢壘不勝愁。杜宇聲聲啼血痕。白河春色半成塵。重來愁煞桓司馬。無復當時楊柳靑。（楊柳靑天津地名以楊柳多名）

野望　燕北雁南常作客。天高地迴獨登臺。山從絕塞逶延起。水繞長城嗚咽來。碧血已隨秋草盡。野花猶傍戰城開。小黃河上悲風颯。極望中原無限哀。

調查會稿

譯書彙編

政治法律經濟之機關

本編自本年第九期起。大加加良。作爲政法學報。體例分政治。法律。經濟。歷史。哲理諸門。以歐美日本學者名著爲基礎而融以吾國近今之思想并引社會之現象以爲證。國家社會之種種大問題均以學理解決之。各門均由專門家擔任。并隨時介紹大學校及各專門學校法學大家之講義。字字有來歷言言有責任實爲政法學界之大寶物。有志經世者。願一讀之。

每月一冊望日發行　定價　全年二元五角　零售二角五分

發行所　日本東京神田區駿河臺鈴木町十入番地　譯書彙編社

總代派所　上海四馬路　開明書店

調查會稿

秀水城鄉各鎮烟每日銷膏捐數表

地名	銷膏兩數	捐項錢數
府城內外	六〇七、八七五兩	二四三一五、文
王江涇	七九、	三一六〇、
南滙	四四、二	一七六八、
濮院	二五、五	一〇二〇、
油車港	三五、五	一四二〇、
西市	一四、五	五八〇、
馬厙滙	一二、五	五〇〇、
池灣	一一、五	四六〇、

新塍	二三九、五	九五八〇、
陶家涇	七、五	三〇〇、
上睦港	八、七	無
莫家涇	七、	無
盛家廊下	八、一	無
尖斗角	十一、五	無
總數	一一二二、一七五	四三二一〇三、

海鹽地理之關係附沿革

海鹽縣始於秦。屬會稽。在華亭鄉。今松江府後陷爲湖。移治武原鄉。今平湖東關西漢仍之。東漢時屬吳郡。復陷爲湖。移治故邑山。三國時孫權析縣南境爲鹽官縣。晉及宋齊梁亦屬吳郡。惟梁析東北境置前京胥浦二縣。又以海鹽胥浦二縣立武原郡。陳以海鹽縣屬海寧。隋省入鹽官。唐屬蘇州。析縣北境與華亭。後唐改屬杭州晉又改屬秀州。（今嘉興）宋元明同。惟明析縣東北境爲平湖縣。至今仍之。有山脈。有低地、有海洋。有河流。北接乍浦。南包澉浦。洋海環乎東。島嶼突立而爲之屛。而海鹽之地理於以成。而海鹽之海口於以險。然而論我浙險要海口者。動曰舟山羣島哉、乍浦哉、而獨不及海鹽、雖然。舟山也、乍浦也。誠險矣、不知舟山爲吾浙之前門。乍浦爲我浙之後門。而海鹽者。實倂乍浦而成我浙之後門者也。故海鹽之地理因以險、險曷在、日在澉浦。蓋乍浦與海鹽之澉浦相拼列、脣齒相依、憂患與共。斜對舟山羣島。而東北接江蘇之金山吳淞一帶、皆有密接之關係也。我浙人其欲探浙江之地理、爲異日自治之一助耶敢將、海鹽之內陸之外海之駐軍險要地以告。夫欲知海鹽內陸之形勢。不得不得知海鹽之山脈。海鹽以山脈支出之故。而地勢之高下。河流之利益。道路之通塞、亦隨之而異海鹽之山脈。起自天目。由賀霞及硤石之東西山。而達於南部澉浦一帶。以高陽雲岫爲最高。瀕於海者。有秦駐長墻等山。故論其地勢。則南部富山嶺、北部富河流、南部地勢高、北部地勢低、論其河流則北部運河之利。不能及於南部、南部、永安湖之利。（俗名南北湖中横一隄各有河閘用以畜水故與北部諸河之利不能通）不能及於北部、論其道路則北部水陸各路隨在可通。而獨於南北部交通上。水路祗能及長川壩、角里堰、不能直達澉浦。惟陸路可以達之。南北地勢之懸殊如是。而南北年歲之豐歉亦相反矣。

雖然。海鹽之地理豈足以內陸之形勢盡哉、蓋猶有外海在。海鹽之海流、風浪甚勁、沿海一帶。多築石塘以衞之。若巫子。若舜山。若篢山。若白塔等山。皆排列海中。而尤以白塔秦駐二山間九王疉海峽之交流、直衝而撲於海鹽城東者爲最勁、每遇夏秋之交。大風作時。沿海石塘常爲所擢、兼之沿海多有鐵板沙。而深淺因以不一。惟黃道關左近有龍潭口。水深可泊、城東勅海廟之處水勢雖深、而潮流勁悍、石塘險凸、船不能近、餘則潮落沙出。一二里不等。此海鹽海口所以不能爲泊船良港者。蓋由海島峻險沙土橫亘所致也。

內陸之地勢既如此。外海之潮流又如彼。而駐軍之險要地、自不得不斟酌內外之形勢。以爲根據。海鹽向設千總員於澉浦。築城駐守。康熙時更定營制。自東拱寨以西至廟山寨屬澉浦汛、青山寨以東至落水寨、屬海鹽守備、九里墩以東屬乍浦守各派兵分防。道光時又添設外海水師所管黃沙塢。葫蘆山、頭團、青山、秦駐山、五口汛。外海自舜山西北、黃山西屬瀲浦水師、舜黃山之東南屬鎮海水師、東北屬乍浦水師。同治時裁撤廟山、渾水、平陽、東拱、姚官、大步二寨、落水、八汛、及青山秦駐撤歸水師汛口外又建黃道關西山角炮台一座。修談仙嶺寨一座。此海鹽歷來駐軍之險要地也。然數十年無事。軍士腐敗已極。不堪復用。各險要地徒擁虛名。而無實駐之防軍。一朝有事。誠可危也。

浙江同鄉會捐數

三品銜知府錢恂捐洋伍拾元

湖南武備監督陳琪捐洋伍拾元

南洋陸軍學生監督姚煜捐洋貳十元

朱觀察鍾琪捐洋伍拾元

出使美國隨員夏偕復捐洋貳拾元

孫君耦耕捐洋百元

高君子周子白捐洋伍拾元

沈君重堪捐洋貳拾元

卮君公猛捐洋拾元

蔣君抑誌捐洋拾元

董君恂士捐洋拾元

章君祖申捐洋拾元

淩君霆輝捐洋拾元

蔣君秋平捐洋拾元

王君渭臣捐洋伍元

陸君仲芳捐洋伍元

章君仲和捐洋伍元

錢君念慈捐洋伍元

浙江潮墊欵記數

留學成城學校諸君墊洋伍百元

留學宏文學院諸君墊洋貳百元

留學清華學校諸君墊洋貳百元

蔣君抑卮墊洋壹百元

吳君止欺墊洋壹百元

陳君公猛公俠墊洋壹百元

孫君耦耕墊洋伍拾元

傅君寫忱墊洋伍拾元

經君仲濤叔偉季衡墊洋拾伍元

譯書彙編社出版及發行書目

(1)政治法律書類

政法叢書第一編 國法學 一冊定價六角五分

政法叢書第二編 歐美日本政體通覽 一冊定價三角

政法叢書第三編 日本行政法綱領 一冊定價五角

政法叢書第四編 日本國會起源 一冊定價八角

政法叢書第五編 國際公法 一冊定價 （近刊）

警察學（總論之部） 一冊定價二角 （近刊）

外交通義 一冊定價八角

日本現行法制大意 一冊定價三角 （近刊）

政治學提綱（上卷） 一冊定價四角 （近刊）

各國國民公私權考 一冊定價一角 （近刊）

法律學論綱 一冊定價一角

近世外交史 一冊定價 （近刊）

最近俄羅斯政治史 一冊定價六角

最近德意志政治史 一冊定價三角 （近刊）

法制新編 一冊定價四角

(2)經濟書類

縮版財政四綱 一冊定價一元 （近刊）

歐美各國最近財政及組織 一冊定價四角 （近刊）

理財學沿革史 一冊定價二角 （近刊）

歐洲財政史 一冊定價二角

日本財政之過去及未來 一冊定價二角

(3)歷史書類

波蘭衰亡戰史（上卷）一冊定價二角五分

美國獨立史 一冊定價六角

日本維新活歷史 一冊定價三角

(4)哲學書類

生物之過去未來 一冊定價二角五分

論理學（卷一）一冊定價二角 （近刊）

---

(5)傳記書類

比律賓志士獨立傳 一冊定價二角

(6)小說書類

政治小說累卵東洋 一冊定價二角

愛國精神譚 一冊定價三角

(7)雜著書類

支那化成論 一冊定價六角 （近刊）

日本遊學指南 一冊定價二角

外國國勢一覽 一冊定價一角五分 （近刊）

(8)圖表書類

最新精繪學校建築模範圖 一冊定價二圓

游學譯編

第四冊癸卯正月十五日發行

每月一回十五日發行

第四冊目錄

洋裝每冊百葉定價▲全年壹元陸角▲半年捌角伍分▲每冊壹角伍分（郵稅照加）

發行所 湖南編譯社

湖北學生界廣告

一門類

第一期所出門類用◎爲記

論說第一◎
學說第二◎
政法第三
教育第四◎
經濟第五◎
實業第六
(1)商學◎
(2)農學◎
(3)工學◎
軍事第七◎
歷史第八◎
地理第九◎
理料第十◎
醫學第十一
小說第十二◎
詞藪第十三◎
時評第十四◎
襍組第十五◎
餘錄第十六◎
外事第十七◎
國聞第十八◎
留學紀錄第十九◎
湖北附調查部記事第二十◎

二刊例

一本報擔任各門職員皆留學諸君或素有學望者每月出十門以外
一本報每册以六萬餘字爲率月出一册華曆每月初一日發行
一本報年首年尾加增葉數達七八萬字以上
◎本報俟擔任職員到齊門類字數更行增刊

三特色

一本報爲吾國一大襍誌搜羅宏富各種基備或攷諸泰西哲人著述或本于日東名家講授精義明言彌漫磅礴淵雅壯快宏濶萬里讀者雖未遊學海外恍如逼履東西親獲講學之妙非若專事直譯損人腦筋可比
一本報爲吾國國民說法一篇一章一行一句無不補國人公德之缺點啓世界民族之思想科學益其智識理論闢其精神事實助其感情文詞增其美德實足養成中國將來之國民
一吾國向來各襍誌非偏于理論即偏于科學本報物質文明與精神文明兩兩輸入實有叢報兼學報之資格
一湖北調查部一門與吾國全局關係甚重注意支那中心點者不勞親身攷察利獘沿革一目瞭然
一留學記錄一門博槺各省留學諸君言論所及均屬直接要聞凡中國各報所不能採訪者二貢諸國人左右願爲吾民族上作一運送家

四售法

一全年售大洋弍元半年大洋一元一角零售大洋二角郵費劵加
一欲購本報諸君請向本社開辦處及上海武昌總發行所購収如欲任代派處者函致開辦處十分以上照定價九折五十分以上八折

開辦處日本東京神田區三崎町一番地齋藤方上海總發行所大馬路少年中國報館或 民叢書社王君 慕陶武昌總發行所省城察院坡中東書社總分派處橫街文明書室蔣睫巢先生華華曆正月初發行

本社新書廣告

章宗元譯

美國獨立史

(再版出書)是書爲美國姜甯氏原著前後各六卷今所譯者爲前六卷其目次如下(一)覓地之原(二)殖民之原(三)殖民地之進境(四)合衆(五)自主(六)立憲自開闢以至立國詳細叙述且譯者留學美國有年凡他書事實足以相發明者均隨時摘取挿入以期完美實爲專史中之良書凡從事史學者不可不家置一編也全一册定價六角

政法叢書第三編

日本行政法綱領

行政者國家之活動也國家有種種之機關機關之活動即爲行政吾國行政機關最爲複雜而又最不完備其原因在行政法不發達故也是書編譯日本行政法之要領解釋純正詳簡得宜誠政治家必讀之本也現已出書全一册定價五角

俄羅斯對中國政策

是書共分三章(一)俄羅斯對亞細亞大陸(二)中俄交涉沿革畧(三)俄羅斯之世界政策及對清經營於俄羅斯之野心及其深謀大計一一詳述憂世者不可不一讀也現已出書全一册定價二角

金山吳治恭譯

二十世紀開幕時代之人物

國家之强弱視人物之優劣二十世紀世界競爭視前世紀必愈益激烈故各國開幕時代人物其關繫極大此書係日本武田原水氏原著搜羅英法德俄美五國及中國日本現時有權位有名理之人夷考其生平而加以評論有置身天上下蓋五洲之觀譯者文筆亦極銳達有志當世者不可不一讀也現已付印不日出書

譯書彙編社代白

政法叢書

第一編 國法學 再版

各國之政治其組織不同其起源亦各不同不明其組織起源則於其政治之長短利害未由而明國法學之範圍即以此爲目的凡國家如何成立及國家有幾種機關與機關之如何運行學元首臣民與立法司法行政等項均包括在內日本各政治學校均以此科目列入首年其重要可見法科大學校亦然此書爲岸崎中村二君合著而二君學說均本於大學校故其議論考据均極精切完備實講求政治學者之基礎也爰急譯之以饗同志

◉全一冊定價六角五分

第二編 歐美日本政體通覽

本書詳敘德國、英國、法國、美國、墺匈國、日本國之建國、政治議院組織等。行文極平易簡明。讀者通覽一過，於世界各國政體之大意。不難了然於胸。凡研究政學者。允宜手置一編也。

◉全一冊定價三角

第三編 日本行政法綱領

行政者國家之活動也國家有種種之機關機關之活動即爲行政吾國行政機關最爲複雜而又最不完備其原因在行政法不發達故也是書編譯日本行政法之要領解釋紳正詳簡得宜誠政治家必讀之本也

◉全一冊定價五角

第四編 日本國會起源

立憲國之精神何在乎在國會而已今日文明諸國無不以國會爲立國之本日本維新其國志士日以立國會號於衆遂成今日之治此書詳述設立國會時種種變遷迄乎成功前事之師誠爲有志者所急欲觀者也

◉全一冊定價八角

新民叢報第二十五號要目豫告

●封面題跋

●醒獅歌　祝今以後之中國也

●圖　畫

●當代第一雄主德皇維廉第二●當代第一政治家英國殖民大臣張伯倫●美國紐約市自由神像●美國華盛頓府國會議堂●英國大哲學家洛克●英國大歷史家諫謨●瑞士日內瓦府盧梭銅像●匈牙利布達彼斯得府狄渥銅像●爲國流血鄧壯烈公世昌●爲民流血譚瀏陽先生嗣同

論著門

●論　說　●敬告我國民

●學　說　●近世第一大哲康德之學說

●政　治　●政黨論●中國專制政體進化史論（第五章論權臣種類之變遷及其消滅）

●傳　記　●新英國巨人克林威爾傳

●學　術　●會社學（即羣學）之範圍及其沿革

批評門

●政界時評　●本國之部（逆臣廢弑之陰謀　易服色問題　外數件

●外國之部（近東問題　摩洛哥事件　張伯倫帝國政略　外數件

●教育時評　愛國學社與教育界之前途　橫濱大同學校五年紀念祝典　外數件

●學界時評　題未定

●羣俗時評　題未定

●評論　題未定

●紹介新書　●本國之部　物理易解　斯賓塞女權論　達爾文物競論　外數種

●日本之部　大國民　釋迦牟尼傳　奈志埃倫理學　外數種

叢錄門

●談　叢　●捫蝨談虎錄

●譯　叢　●加藤博士天則百話

●海外思潮　題未定

●雜　俎　●新智識之雜貨店

●小　說　●新羅馬傳奇（第七齣隱農）

●文　苑　●詩界潮音集

●問　答　數　件

●記　事　數十件

新年大附錄一

●懸賞徵文　管子傳（甲賞）

新年大附錄二

●第二十世紀第二年世界大事記

新年大附錄三

●羅迦陵女士傳

新民叢報社